Autoridad Espiritual

Watchman Nee

La misión de Editorial Vida es ser la compañía líder en comunicación cristiana que satisfaga las necesidades de las personas, con recursos cuyo contenido glorifique a Jesucristo y promueva principios bíblicos.

AUTORIDAD ESPIRITUAL
Edición en español publicada por
Editorial Vida – 1978
Miami, Florida

Edición Popular 2006

© 1978 Editorial Vida

Originally published in the USA under the title:
    Spiritual Authority
    Copyright © 1978 por Christian Fellowship
    Publishers, Inc.

Diseño cubierta: *Cathy Spee*
Diseño interior: *Eugenia Chinchilla*

ISBN: 978-0-8297-5003-4

CATEGORÍA: Vida cristiana / Crecimiento espiritual

IMPRESO EN ESTADOS UNIDOS DE AMÉRICA
PRINTED IN THE UNITED STATES OF AMERICA

12 13 ❖ 25 24 23 22 21 20 19 18

Este libro está formado de una serie de mensajes que
el autor dio durante un seminario de instrucción para
obreros celebrado en Kuling, Fouchow, China. Presentados
originalmente en idioma chino, estos mensajes se han
traducido de los apuntes tomados y posteriormente han sido
publicados por algunos de los asistentes al seminario.

Las citas bíblicas son de la Versión de Reina-Valera, revisión
de 1960, salvo que se indique expresamente de otro modo.

CONTENIDO

PRIMERA PARTE

LA AUTORIDAD Y LA SUMISIÓN

CAPÍTULO 1

La importancia de la autoridad

*S*ométase toda persona a las autoridades superiores; porque no hay autoridad sino de parte de Dios, y las que hay, por Dios han sido establecidas. De modo que quien se opone a la autoridad, a lo establecido por Dios resiste; y los que resisten, acarrean condenación para sí mismos. Porque los magistrados no están para infundir temor al que hace el bien, sino al malo. ¿Quieres, pues, no temer la autoridad? Haz lo bueno, y tendrás alabanza de ella; porque es servidor de Dios para tu bien. Pero si haces lo malo, teme; porque no en vano lleva la espada, pues es servidor de Dios, vengador para castigar al que hace lo malo. Por lo cual es necesario estarle sujetos, no solamente por razón del castigo, sino también por causa de la conciencia. Pues por esto pagáis también los tributos, porque son servidores de Dios que atienden continuamente a esto mismo. Pagad a todos lo que debéis: al que tributo, tributo; al que impuesto, impuesto; al que respeto, respeto; al que honra, honra (Romanos 13:1-7).

. . . el cual, siendo el resplandor de su gloria, y la imagen misma de su sustancia, y quien sustenta todas las cosas con la palabra de su poder, habiendo efectuado la purificación de nuestros pecados por medio de sí mismo, se sentó a la diestra de la Majestad en las alturas. . . (Hebreos 1:3)

¡Cómo caíste del cielo, oh Lucero, hijo de la mañana! Cortado fuiste por tierra, tú que debilitabas a las naciones. Tú que decías en tu corazón: Subiré al cielo; en lo alto, junto a las estrellas de Dios, levantaré mi trono, y en el monte del testimonio me sentaré, a los lados del norte; sobre las alturas de las nubes subiré, y seré semejante al Altísimo (Isaías 14:12-14).

No nos pongas a prueba, sino líbranos del maligno (Mateo 6:13, Versión Popular).

Y levantándose el sumo sacerdote, le dijo: ¿No respondes nada? ¿Qué testifican éstos contra ti? Mas Jesús callaba. Entonces el sumo sacerdote le dijo: Te conjuro por el Dios viviente, que nos digas si eres tú el Cristo, el Hijo de Dios. Jesús le dijo: Tú lo has dicho; y además os digo, que desde ahora veréis al Hijo del Hombre sentado a la diestra del poder de Dios, y viniendo en las nubes del cielo (Mateo 26:62-64).

EL TRONO DE DIOS SE FUNDAMENTA EN LA AUTORIDAD

Los hechos de Dios proceden de su trono y éste se fundamenta en su autoridad. Todas las cosas son creadas por la autoridad de Dios y todas las leyes físicas del universo se mantienen por esta misma autoridad. Por esto la Biblia se refiere a ello expresando que Dios «sustenta todas las cosas con la palabra de su poder», lo que significa que sustenta todas las cosas con la palabra del poder de su autoridad. Porque la autoridad de Dios representa a Dios mismo, mientras que su poder representa sus hechos. El pecado contra el poder es perdonado con más facilidad que el pecado contra la autoridad, porque este último es un pecado contra Dios mismo. Sólo Dios es autoridad en todas las cosas, porque todas las autoridades de la tierra son instituidas por él. La autoridad es algo de importancia sin igual en el universo; no hay nada que la sobrepase. Por consiguiente, es imperativo que los que deseamos servir a Dios conozcamos su autoridad.

El origen de Satanás

El querubín se convirtió en Satanás cuando sobrepasó la autoridad de Dios, compitiendo con él y volviéndose de este modo un adversario suyo. La rebelión fue la causa de la caída de Satanás.

Tanto Isaías 14:12-15 como Ezequiel 28:13-17 se refieren al ascenso y caída de Satanás. Sin embargo, el primer pasaje pone énfasis en cómo Satanás infringió la autoridad de Dios mientras que el segundo pone de relieve su transgresión de la santidad de Dios. Ofender la autoridad de Dios es una rebelión mucho más grave que la de ofender su santidad. Puesto que el pecado se comete en la esfera de la conducta, se lo perdona con más facilidad que la rebelión, pues ésta es una cuestión de principios. Fue el intento de Satanás de poner su trono sobre el trono de Dios lo que violó la autoridad de Dios; fue el principio de la vanagloria o exaltación propia. El hecho de pecar no fue la causa de la caída de Satanás; ese hecho no fue más que el producto de su rebelión contra la autoridad. Fue la rebelión lo que Dios condenó.

Al servir a Dios no debemos desobedecer a las autoridades, porque el hacerlo es un principio de Satanás. ¿Cómo podemos predicar a Cristo según el principio de Satanás? Sin embargo, es posible que en nuestra obra estemos con Cristo en la doctrina a la vez que con Satanás en los principios. ¡Cuán vil de nuestra parte es suponer que en tales condiciones hacemos la obra del Señor! Tenga a bien fijarse que Satanás no tiene temor de que prediquemos la palabra de Cristo; pero ¡cuánto teme que estemos sujetos a la autoridad de Cristo! Los que servimos a Dios jamás debemos servir según el principio de Satanás. Cada vez que operamos de acuerdo al principio de Cristo, el de Satanás se desvanece. Satanás todavía es un usurpador; pero será derrotado en el tiempo del fin del Apocalipsis. Si de veras queremos servir a Dios, debemos purificarnos completamente del principio de Satanás.

En la oración que nuestro Señor enseñó a su iglesia, las palabras «no nos pongas a prueba» señalan la obra de Satanás, mientras que las palabras «líbranos del maligno» se refieren directamente a Satanás. Inmediatamente después de estas palabras, el Señor hace una declaración muy significativa: «Porque tuyo es el reino, y el poder, y la gloria, por siempre. Amén» (Mateo 6:13, Versión Popular). Todo reino, autoridad y gloria pertenecen a Dios, y a Dios solo. Lo que nos libra totalmente de Satanás es el ver esta preciosísima verdad: que el reino es de Dios. Puesto que todo el universo está bajo el dominio de Dios, tenemos que someternos a su autoridad. Que nadie le robe la gloria a Dios.

Satanás le mostró al Señor Jesús todos los reinos de la tierra; pero el Señor contestó que el reino de los cielos es de Dios. Tenemos que ver quién es el que tiene la autoridad. Predicamos el evangelio para traer a los hombres bajo la autoridad de Dios; pero ¿cómo podremos establecer su autoridad en la tierra si nosotros mismos no hemos tenido un encuentro con ella? ¿Cómo podremos tratar con Satanás?

LA AUTORIDAD, CONTROVERSIA DEL UNIVERSO

La controversia del universo se centra en quién tendrá la autoridad, y nuestro conflicto con Satanás es el resultado directo de atribuírsela a Dios. Para mantener la autoridad de Dios tenemos que someternos a ella con todo nuestro corazón. Es absolutamente imprescindible que tengamos un encuentro con la autoridad de Dios y que poseamos un conocimiento básico de lo que ella es. Antes de conocer la autoridad, Pablo trató de destruir a la iglesia; pero luego que se encontró con el Señor en el camino a Damasco, vio que le era dura cosa a sus pies (el poder humano) dar coces contra el aguijón (la autoridad de Dios). Inmediatamente, cayó al suelo y reconoció a Jesús como Señor. Después de eso, pudo someterse a todas las instrucciones que Ananías le dio en Damasco, pues Pablo había tenido un encuentro con la autoridad de Dios. En el mismo momento en que fue salvo conoció tanto la autoridad de Dios como la salvación de Dios.

¿Cómo habría podido Pablo, siendo una persona inteligente y capaz, escuchar las palabras de Ananías —un desconocido hermanito a quien se lo menciona una sola vez en la Biblia— si no hubiera tenido un encuentro con la autoridad de Dios? Si no se hubiera encontrado con la autoridad en el camino a Damasco, jamás se habría podido someter a ese oscuro hermanito en la ciudad. Esto nos muestra que quien ha tenido un encuentro con la autoridad trata simplemente con ella y no con el hombre. No miremos al hombre sino sólo a la autoridad de que está revestido. No obedecemos al hombre sino a la autoridad de Dios en ese hombre. De otra manera, ¿cómo podremos saber qué es la autoridad? Estamos en el camino equivocado si antes de obedecer a la autoridad nos encontramos primero con el hombre. Lo opuesto es el camino correcto. Entonces no importará quién sea el hombre.

Dios se ha propuesto manifestar su autoridad al mundo por medio de la iglesia. La autoridad de Dios se puede ver en la coordinación de los diversos miembros del cuerpo de Cristo.

Dios usa su máximo poder para mantener su autoridad; por consiguiente, su autoridad es lo más difícil de resistir. Los que somos tan justos según nuestra propia opinión, y sin embargo, tan ciegos, necesitamos tener a lo menos una vez en la vida un encuentro con la autoridad de Dios para que seamos quebrantados hasta la sumisión y comencemos así a aprender la obediencia a su autoridad. Antes de que un hombre pueda someterse a la autoridad delegada de Dios tiene que conocer primero la autoridad inherente de Dios.

LA OBEDIENCIA A LA VOLUNTAD DE DIOS: LA MAYOR EXIGENCIA DE LA BIBLIA

La mayor de las exigencias que Dios impone al hombre no consiste en que lleve la cruz, sirva, dé ofrendas o se niegue a sí mismo. La mayor exigencia es que obedezca. Dios le ordenó a Saúl que atacara a los amalecitas y los destruyera por completo. (1a. de Samuel 15). Pero después de la victoria, Saúl perdonó a Agag, rey de los amalecitas, junto con lo mejor de las ovejas y bueyes, de los animales engordados, de los corderos y de todo lo bueno. Saúl no quiso destruirlos; argumentó que los habían dejado para sacrificarlos a Dios. Pero Samuel le dijo: «Ciertamente el obedecer es mejor que los sacrificios, y el prestar atención que la grosura de los carneros» (1 Samuel 15:22). Los sacrificios mencionados aquí eran ofrendas de olor grato (no tenían nada que ver con el pecado, pues jamás se llamó ofrenda de olor grato a la ofrenda por el pecado). Las ofrendas de olor grato eran ofrecidas para la aceptación y satisfacción de Dios. ¿Por qué dijo entonces Samuel que «el obedecer es mejor que los sacrificios»? Porque hasta en los sacrificios puede estar el elemento de la obstinación. Tan sólo la obediencia honra completamente a Dios, pues solamente ella toma a Dios como su centro.

Para que se manifieste la autoridad, debe haber sumisión. Si ha de haber sumisión, es necesario excluir el yo; pero según nuestro yo, la sumisión no es posible. La sumisión sólo es posible cuando uno vive en el Espíritu. Esta vida en el Espíritu es la suprema expresión de la voluntad de Dios.

LA ORACIÓN DE NUESTRO SEÑOR EN GETSEMANÍ

Hay quienes creen que la oración de nuestro Señor en Getsemaní, cuando su sudor caía hasta la tierra como grandes gotas de sangre, se debió a la debilidad de su carne, a su temor de beber la copa. De ningún modo, porque la oración de Getsemaní se basa en el mismo principio que 1 Samuel 15:22.

Es la suprema oración en la cual nuestro Señor manifiesta su obediencia a la autoridad de Dios. Más que su sacrificio en la cruz, nuestro Señor prefiere obedecer a la autoridad de Dios. Con fervor, ora para saber cuál es la voluntad de su Padre. No dice: «Quiero ser crucificado; tengo que beber la copa.» Simplemente insiste en obedecer. En efecto, dice: «Si es posible, que no vaya yo a la cruz»; pero hasta en este punto él insiste en no hacer su propia voluntad; porque inmediatamente después agrega: «Pero no se haga mi voluntad, sino la tuya» (Lucas 22:42).

Lo absoluto es la voluntad de Dios; la copa (esto es, la crucifixión) no es algo absoluto. Si Dios no quisiera que el Señor fuera crucificado, él no tendría por qué ir a la cruz. Antes que el Señor supiera cuál era la voluntad de Dios, ésta y la copa eran dos cosas separadas; pero después que supo que la copa era de Dios, ésta y la voluntad de Dios se fundieron en una sola cosa. La voluntad representa la autoridad. Por consiguiente, conocer la voluntad de Dios y obedecerla es someterse a la autoridad. Pero ¿cómo podrá uno someterse a la autoridad si no ora ni tiene el valor para conocer la voluntad de Dios?

«La copa que el Padre me ha dado, ¿no la he de beber?» dice el Señor (Juan 18:11). Aquí él sostiene la supremacía de la autoridad de Dios, no la de su cruz. Además, una vez que ha comprendido que el beber la copa —esto es, ser crucificado para expiar el pecado— es la voluntad de Dios, al momento dice: «Levantaos, vamos» (Mateo 26:46). Al ir a la cruz, él hace la voluntad de Dios. Por consiguiente, la muerte del Señor es la máxima expresión de obediencia a la autoridad. Aun la cruz, el enigma del universo, no puede ser superior a la autoridad de Dios. El Señor mantiene más la autoridad de Dios (la voluntad de Dios) que su propia cruz (su sacrificio).

Al servir a Dios, no somos llamados a optar por la abnegación o el sacrificio, sino más bien a cumplir el propósito de

Dios. El principio básico no consiste en preferir la cruz sino en obedecer la voluntad de Dios. Si el principio en el cual nos basamos para nuestro trabajo y servicio debe incluir la rebelión, Satanás obtendrá entonces la gloria y disfrutará de ella aun por medio de nuestro sacrificio. Saúl podía ofrendar ovejas y bueyes; pero Dios nunca los aceptó como sacrificios, porque implicaban un principio satánico. El derrocar la autoridad de Dios es derrocar a Dios. Por eso es que la Escritura dice: «Porque como pecado de adivinación es la rebelión, y como ídolos e idolatría la obstinación» (1 Samuel 15:23).

Como siervos de Dios, lo primero que debemos tener es una experiencia o encuentro con la autoridad. Conocer la autoridad es tan práctico como conocer la salvación, pero es una lección más profunda. Antes de poder trabajar para Dios, tenemos que ser derrocados por su autoridad. Toda nuestra relación con Dios está regulada por el hecho de si hemos tenido o no un encuentro con la autoridad. Si ya lo hemos tenido, nos encontraremos entonces por todas partes con la autoridad y, refrenados así por Dios, podrá él comenzar a utilizarnos.

CÓMO ACTUARON NUESTRO SEÑOR Y PABLO CUANDO FUERON JUZGADOS

Mateo 26 y 27 registran el doble juicio a que fue sometido nuestro Señor Jesús después de su arresto. Ante el sumo sacerdote fue enjuiciado desde el punto de vista religioso, y ante Pilato, desde el punto de vista político. Cuando Pilato lo juzgó, el Señor no contestó, porque él no estaba bajo jurisdicción terrenal. Pero cuando el sumo sacerdote lo conjuró por el Dios viviente, entonces sí respondió. Esto es obediencia a la autoridad. Además, como se consigna en los Hechos de los Apóstoles, capítulo 23, cuando Pablo era juzgado, se sometió prontamente al descubrir que Ananías era el sumo sacerdote de Dios.

Por consiguiente, los que trabajamos debemos enfrentarnos cara a cara con la autoridad. De otro modo, nuestra obra estará basada en el rebelde principio de Satanás y trabajaremos sin sentir la necesidad de conocer la voluntad de Dios. No estaremos basados en el principio de obediencia a la autoridad. Y es sólo al trabajar en obediencia a la autoridad que podemos trabajar según la voluntad de Dios. ¡Oh, ciertamente esto requiere una gran revelación!

En Mateo 7:21-23 vemos que nuestro Señor reprende a los que en su nombre profetizan y echan fuera demonios y hacen muchos milagros. ¿Por qué los desaprueba? Porque hacen de sí mismos el punto de partida; ellos mismos hacen cosas en el nombre del Señor. Esta es la actividad de la carne. Por eso nuestro Señor afirma que son hacedores de maldad y no obreros suyos. Jesús destaca que sólo el que hace la voluntad de su Padre entrará en el reino de los cielos. Tan sólo esto es trabajo en obediencia a la voluntad de Dios, la cual tiene su origen en Dios. No estamos para buscar trabajo que hacer, sino más bien para que Dios nos envíe a trabajar. Una vez que hayamos comprendido esto, experimentaremos verdaderamente la realidad de la autoridad del reino de los cielos.

PARA ENTENDER LA AUTORIDAD SE REQUIERE UNA GRAN REVELACIÓN

Hay dos cosas importantes en el universo: la confianza en la salvación de Dios y la obediencia a su autoridad. Confianza y obediencia. La Biblia define el pecado como infracción de la ley (1 Juan 3:4). La palabra que se usa en Romanos 2:12 y que se ha traducido «sin» ley es la misma que se usa para significar «contra» la ley. La infracción de la ley es desobediencia a la autoridad de Dios, y esto es pecado. El pecado es un asunto de conducta; pero la infracción de la ley es una cuestión de actitud del corazón. La era actual se caracteriza por la transgresión a la ley. El mundo está lleno de este pecado y pronto aparecerá el hijo de la transgresión. En el mundo se está so-cavando cada vez más la autoridad hasta que al fin todas las autoridades serán derrocadas y reinará la anarquía.

Sepamos bien que hay dos principios en el universo: el principio de la autoridad de Dios y el de la rebelión satánica. No podemos servir a Dios y a la vez seguir el camino de la rebelión teniendo un espíritu rebelde. Satanás se ríe cuando una persona rebelde predica la Palabra, porque en tal perso-na mora el principio satánico. El principio del servicio debe ser la autoridad. ¿Vamos a obedecer la autoridad de Dios o no? Quienes servimos a Dios debemos entender lo que bási-camente es la autoridad. Cualquier persona que haya sufrido alguna vez un choque eléctrico sabe que de ahí en adelante no puede ser descuidada con la electricidad. De igual modo, quien haya sido golpeado una vez por la autoridad de Dios, tiene de ahí en adelante sus ojos abiertos para discernir lo que es la transgresión, en sí mismo como así en otros.

Que Dios tenga misericordia de nosotros y nos libre de la rebelión. Sólo después de conocer la autoridad de Dios y aprender la obediencia podremos guiar a los hijos de Dios por la senda recta.

CAPÍTULO 2

Casos de rebelión en el Antiguo Testamento

1. LA CAÍDA DE ADÁN Y EVA

Y mandó Jehová Dios al hombre, diciendo: De todo árbol del huerto podrás comer; mas del árbol de la ciencia del bien y del mal no comerás; porque el día que de él comieres, ciertamente morirás (Génesis 2:16-17).

Pero a serpiente era astuta, más que todos los animales del campo que Jehová Dios había hecho; la cual dijo a la mujer: ¿Conque Dios os ha dicho: No comáis de todo árbol del huerto? Y la mujer respondió a la serpiente: Del fruto de los árboles del huerto podemos comer; pero del fruto del árbol que está en medio del huerto dijo Dios: No comeréis de él, ni le tocaréis, para que no muráis. Entonces la serpiente dijo a la mujer: No moriréis; sino que sabe Dios que el día que comáis de él, serán abiertos vuestros ojos, y seréis como Dios, sabiendo el bien y el mal. Y vio la mujer que el árbol era bueno para comer, y que era agradable a los ojos, y árbol, codiciable para alcanzar la sabiduría; y tomó de su fruto, y comió; y dio también a su marido, el cual comió así como ella (Génesis 3:1-6).

Porque así como por la desobediencia de un hombre los muchos fueron constituidos pecadores. . . (Romanos 5:19).

LA CAÍDA DEL HOMBRE SE DEBIÓ A LA DESOBEDIENCIA

Repasemos la historia de Adán y Eva como aparece registrada en Génesis capítulos 2 y 3. Después que Dios creó a Adán, le dio algunas órdenes; entre éstas estaba la de no comer del fruto del árbol de la ciencia del bien y del mal. El quid de esto era más que la mera prohibición de comer de cierto fruto; más bien era que Dios estaba poniendo a Adán bajo autoridad para que aprendiera la obediencia. Por una parte, Dios puso a todas las criaturas de la tierra bajo la autoridad de Adán para que éste tuviera dominio sobre ellas; pero por otra parte, Dios puso al mismo Adán bajo su autoridad para que éste obedeciera a la autoridad. Solamente el que se sujeta a la autoridad puede ser autoridad.

Según el orden de la creación de Dios, él hizo a Adán antes que a Eva. A Adán le dio autoridad y a Eva la puso bajo la autoridad de Adán. Dios puso a estos dos: al uno como autoridad y a la otra para estar sujeta. Tanto en la vieja creación como en la nueva, este orden de prioridades es la base de la autoridad. Quien fue creado primero debe ser la autoridad; quien fue salvo primero debe serlo igualmente. Por consiguiente, adondequiera que vayamos, nuestro primer pensamiento debe ser averiguar quiénes son las personas a las cuales Dios quiere que nos sometamos. Por todas partes podemos ver la autoridad y en cualquier tiempo podemos aprender a ser obedientes a ella.

La caída del hombre se debió a la desobediencia a la autoridad de Dios. En vez de obedecer a Adán, Eva tomó su propia decisión al ver que el fruto era bueno y agradable a los ojos. Descubrió su cabeza. El hecho de que comiera del fruto no se originó en la sumisión sino en su propia voluntad. No sólo violó la orden de Dios, sino que también desobedeció a Adán. Rebelarse contra la autoridad que representa a Dios es lo mismo que rebelarse contra Dios. Al escuchar a Eva y comer del fruto prohibido, Adán pecó directamente contra la voluntad de Dios; por lo tanto, él también fue desobediente a la autoridad de Dios. Esto también fue rebelión.

TODA OBRA DEBE HACERSE EN OBEDIENCIA

Eva fue puesta no solamente bajo la autoridad de Dios, sino también, en el ordenamiento divino, bajo la autoridad de Adán. Ella tenía una doble autoridad a la cual obedecer. Y nuestra actual posición no es diferente de ésa. Ahora bien, al ver que el fruto era bueno como alimento, Eva comió de él sin preguntar a quién obedecía. Pero desde el mismo principio, Dios había ordenado que el hombre obedeciera y no fuera obstinado. La acción de Eva, sin embargo, no fue gobernada por la obediencia; fue iniciada por su propia voluntad. Ella no se sujetó al orden de Dios ni obedeció a su autoridad. En cambio, tomó su propia decisión. Se rebeló contra Dios y cayó. Toda acción que es deficiente en la obediencia es una caída, y todo acto de desobediencia es rebelión.

A medida que se acrecienta la obediencia del hombre, se reducen sus propias acciones. Al principio, cuando comenzamos a seguir al Señor, estamos llenos de actividad pero somos muy poco obedientes. Pero a medida que crecemos en espiritualidad, nuestras propias acciones se reducen gradualmente hasta que obedecemos en todo. Muchos, sin embargo, hacen lo que quieren y rehusan hacer lo que no les gusta. Jamás reflexionan si acaso actúan obedientemente o no. Por eso muchas obras se hacen por el yo y no en obediencia a Dios.

LO BUENO Y LO MALO ESTÁ EN LAS MANOS DE DIOS

Las acciones del hombre no deben ser gobernadas por el conocimiento del bien y del mal; deben ser motivadas por un sentido de obediencia. El principio del bien y del mal consiste en vivir según lo bueno y lo malo. Antes que Adán y Eva comieran del fruto prohibido, su bien y su mal estaba en las manos de Dios. Si no vivían delante de Dios, no sabían nada, pues su bien y su mal estaba realmente en Dios. Al tomar del fruto del árbol de la ciencia del bien y del mal, Adán y Eva descubrieron una fuente de bien y de mal en algo diferente de Dios. Por consiguiente, después de la caída los hombres no necesitan hallar en Dios el sentido del bien y del mal. Lo tienen en sí mismos. Esto es el resultado de la caída. La obra de la redención consiste en llevarnos de vuelta adonde ahora hallaremos nuestro bien y mal en Dios.

LOS CRISTIANOS DEBEN OBEDECER A LA AUTORIDAD

No hay autoridad sino de parte de Dios; todas las autoridades han sido instituidas por él. Al hacer una investigación en todas las autoridades hasta llegar a su origen, invariablemente terminaremos en Dios. Dios está por encima de todas las autoridades y todas ellas están bajo él. Al entrar en contacto con la autoridad, entramos en contacto con Dios mismo. Básicamente, la obra de Dios no es hecha por el poder sino por la autoridad. El sustenta todas las cosas por la poderosa palabra de su autoridad, así como las creó por la misma palabra. Su palabra de mandato es autoridad. No podemos decir cómo opera la autoridad de Dios; sin embargo, sabemos que él hace todas las cosas por medio de ella.

El amado criado de un centurión estaba enfermo. El centurión sabía que estaba bajo autoridad como así también que tenía autoridad sobre otros. Así, pues, no le pidió al Señor más que una sola cosa: que dijera una palabra, ya que él creía que la obra de la sanidad sería hecha de este modo, dado que, ¿no están todas las autoridades en la mano del Señor? El centurión creía en la autoridad del Señor. No es de extrañar que el Señor lo elogiara por su gran fe: «De cierto os digo, que ni aun en Israel he hallado tanta fe» (Mateo 8:10). Entrar en contacto con la autoridad de Dios es lo mismo que tener un encuentro con él. Hoy día el universo está lleno de autoridades establecidas por Dios. Todas las leyes del universo han sido instituidas por Dios. Todo está bajo su autoridad. Cada vez que una persona peca contra la autoridad de Dios, peca contra Dios mismo. Todos los creyentes deben, por lo tanto, aprender a obedecer a la autoridad.

LA PRIMERA LECCIÓN QUE DEBE APRENDER UN OBRERO ES LA OBEDIENCIA A LA AUTORIDAD

Estamos bajo la autoridad de los hombres así como tenemos hombres bajo nuestra autoridad. Esta es nuestra posición. Hasta el Señor Jesús, cuando estaba en la tierra, se sometió, no solamente a Dios, sino también a la autoridad de otra persona. La autoridad está por todas partes. Existe en la escuela; en el hogar. El policía de la esquina, aunque tal vez sea menos instruido que usted, ha sido establecido por Dios como autoridad sobre usted. Cada vez que se reúnen algunos hermanos en Cristo se establece de inmediato un orden espiritual. Un obrero cristiano debe saber quién está sobre él. Algunos no saben quiénes son las autoridades que están sobre ellos y por eso no les obedecen. No debemos ocuparnos en lo correcto o incorrecto, en el bien o el mal; más bien debemos saber quién es la autoridad que está sobre nosotros. Una vez que sabemos a quién debemos sujetarnos descubrimos, naturalmente, nuestro lugar en el cuerpo de Cristo. ¡Ah! ¡cuántos creyentes no tienen hoy la menor idea con respecto a la sumisión! No es de extrañarse que haya tanta confusión y desorden. Por esta razón, la obediencia a la autoridad es la primera lección que debe aprender un obrero; y también ocupa ella un lugar importante en la obra misma.

SE DEBE RECOBRAR LA OBEDIENCIA

Desde la caída de Adán, el desorden ha prevalecido en el universo. Cada cual cree que puede distinguir entre el bien y el mal y juzgar sobre lo correcto e incorrecto. A cada cual le parece que sabe más que Dios. Esta es la insensatez de la caída.

Necesitamos ser librados de tal engaño, porque esto no es otra cosa que rebelión.

Nuestro conocimiento de la obediencia es deplorablemente inadecuado. Hay quienes creen que su obediencia es completa cuando obedecen al Señor en el bautismo. Muchos estudiantes jóvenes consideran como trato riguroso el mandamiento divino de obedecer a sus maestros. Muchas esposas consideran muy cruel el mandamiento de Dios de someterse a maridos difíciles. Innumerables creyentes viven hoy en un estado de rebelión; no han llegado todavía a aprender la primera lección de la obediencia.

La sumisión que enseña la Biblia tiene que ver con el someterse a las autoridades establecidas por Dios. ¡Qué superficial era la antigua presentación de la obediencia! La obediencia es un principio fundamental. Si queda sin solución este asunto de la autoridad, nada más se podrá resolver. Así como la fe es el principio por el cual obtenemos la vida, así también la obediencia es el principio por el cual vivimos esa vida. Las divisiones y desórdenes que ocurren actualmente dentro de la iglesia provienen de la rebelión. Para recobrar la autoridad, es preciso restaurar primeramente la obediencia. Muchos han cultivado el hábito de ser la cabeza, no obstante no haber conocido jamás la obediencia. Debemos, por lo tanto, aprender una lección. Que la obediencia sea nuestra primera reacción. Dios no nos ha retenido nada con respecto a la autoridad. Ya nos ha mostrado cómo debemos someternos a la autoridad directa así como a la indirecta. Muchos aparentan saber obedecer a Dios; pero en realidad no saben nada en cuanto a obedecer a la autoridad delegada de Dios. Dado que todas las autoridades proceden de Dios, debemos aprender a obedecerlas a todas. Los problemas que enfrentamos en nuestros días se deben a hombres que viven al margen de la autoridad de Dios.

No hay unidad del cuerpo sin autoridad de la Cabeza

Dios está ocupado en recobrar la unidad del cuerpo. Pero para lograr esto, debe existir primero la vida de la Cabeza, seguida luego por la autoridad de esta Cabeza. Sin la vida de la Cabeza, no puede haber cuerpo. Sin la autoridad de la Cabeza, no puede haber unidad en el cuerpo. Para mantener la unidad del cuerpo debemos dejar que gobierne la vida de la Cabeza.

Dios quiere que obedezcamos a sus autoridades delegadas tanto como a él. Todos los miembros del cuerpo deben someterse unos a otros. Cuando así ocurre, el cuerpo es uno consigo mismo y con la Cabeza. Cuando prevalece la autoridad de la Cabeza, se cumple la voluntad de Dios. De esta manera sí que la iglesia llega a ser el reino de Dios.

Algunas lecciones sobre la obediencia

Tarde o temprano, los que sirven a Dios deben tener un encuentro con la autoridad en el universo, en la sociedad, en el hogar, en la iglesia. ¿Cómo puede uno servir y obedecer a Dios si jamás ha tenido un encuentro con la autoridad de Dios? Esto es más que un simple asunto de enseñanza o doctrina, porque una enseñanza puede ser abstracta. Algunos creen que es muy difícil saber obedecer a la autoridad; pero si hemos tenido un encuentro con Dios, la dificultad desaparece. No hay nadie que obedezca a la autoridad de Dios sin que la misericordia de Dios descanse sobre él. Aprendamos, por lo tanto, algunas lecciones:

1. Tengamos un espíritu de obediencia.

2. Practiquemos la obediencia. Algunas personas son como los salvajes que simplemente no pueden obedecer. Pero los que se han ejercitado en la obediencia no se sienten obligados, sea cual fuere el lugar en que se les ponga. Con toda naturalidad pueden vivir una vida obediente.

3. Aprendamos a ejercer la autoridad delegada. El que trabaja para Dios necesita, no solamente aprender a obedecer a la autoridad, sino también aprender a ser la autoridad delegada de Dios en la iglesia y en el hogar. Una vez que hayamos aprendido a estar bajo la autoridad de Dios, nos estimaremos como nada, incluso después que Dios nos confíe mucho.

Algunos aprenden solamente la obediencia, y no saben ejercer la autoridad cuando se los envía a trabajar en algún lugar. Es necesario aprender a estar bajo autoridad como así también a ejercerla. La iglesia sufre por causa de muchos que no saben obedecer; pero es igualmente perjudicada por causa de algunos que no han aprendido a estar en autoridad.

CAPÍTULO 3

Casos de rebelión en el Antiguo Testamento (continuación)

2. LA REBELIÓN DE CAM

Después comenzó Noé a labrar la tierra, y plantó una viña; y bebió del vino, y se embriagó, y estaba descubierto en medio de su tienda. Y Cam, padre de Canaán, vio la desnudez de su padre, y lo dijo a sus dos hermanos que estaban afuera. Entonces Sem y Jafet tomaron la ropa, y andando hacia atrás, cubrieron la desnudez de su padre, teniendo vueltos sus rostros, y así no vieron la desnudez de su padre. Y despertó Noé de su embriaguez, y supo lo que le había hecho su hijo más joven, y dijo: Maldito sea Canaán; siervo de siervos será a sus hermanos. Dijo más: Bendito por Jehová mi Dios sea Sem, y sea Canaán su siervo. Engrandezca Dios a Jafet, y habite en las tiendas de Sem, y sea Canaán su siervo (Génesis 9:20-27).

EL FRACASO DE LA AUTORIDAD DELEGADA PONE A PRUEBA LA OBEDIENCIA

En el huerto del Edén, Adán cayó. En la viña, Noé también fue derrotado; pero por causa de la justicia de Noé, Dios salvó a su familia. En el plan de Dios, Noé era la cabeza de la familia. Dios puso a toda la familia bajo la autoridad de Noé, y también puso a Noé por cabeza del mundo de aquel tiempo.

Pero un día, Noé se embriagó en su viña y quedó descubierto en medio de su tienda. Cam, su hijo menor, vio la desnudez de su padre y se lo dijo a sus dos hermanos que estaban afuera. En lo que a la conducta de Noé respectaba, ciertamente él actuó mal; no debió haberse embriagado. Pero Cam no vio la dignidad de la autoridad. El padre es la autoridad instituida de Dios en el hogar; pero la carne se deleita en ver un defecto en la autoridad con el fin de eludir toda restricción. Cuando Cam vio la conducta impropia de su padre, no tuvo ni el más leve sentimiento de vergüenza o pesar, ni procuró tampoco encubrir la falta de su padre. Esto revela que Cam tenía un espíritu rebelde. Más bien, salió y habló con sus hermanos, señalándoles la fealdad de su padre y añadiendo así sobre sí mismo el pecado de la injuria. Notemos, sin embargo, cómo manejaron Sem y Jafet la situación. Ellos entraron en la tienda caminando para atrás, evitando así ver la desnudez de su padre, y lo cubrieron con la ropa que se habían puesto sobre sus hombros.

Se ve, pues, que la falta de Noé fue una prueba para Sem, Cam, Jafet y Canaán, el hijo de Cam. Ella reveló quién era obediente y quién, rebelde. La caída de Noé reveló la rebelión de Cam.

Después de que Noé despertara de su embriaguez, profetizó que los descendientes de Cam serían malditos y que vendrían a ser siervos de los siervos de sus hermanos. El primero que en la Biblia llegó a ser esclavo fue Cam. Tres veces se pronunció la sentencia de que Canaán sería esclavo. Esto quiere decir que el que no se somete a la autoridad será esclavo del que sí la obedece. Sem sería bendito. Hasta nuestro Señor Jesucristo descendió de Sem. Jafet fue destinado a predicar a Cristo, y así es como las naciones que hoy difunden el evangelio pertenecen a los descendientes de Jafet. El primero en ser maldito después del diluvio fue Cam. Como no conoció la autoridad, fue puesto bajo autoridad durante las generaciones futuras. Todos los que desean servir al Señor necesitan tener un encuentro con la autoridad. Nadie puede servir en el espíritu de anarquía.

3. El fuego extraño ofrecido por Nadab y Abiú

Nadab y Abiú, hijos de Aarón, tomaron cada uno su incensario, y pusieron en ellos fuego, sobre el cual pusieron incienso, y ofrecieron delante de Jehová fuego extraño, que él nunca les mandó. Y salió fuego de delante de Jehová y los quemó, y murieron delante de Jehová (Levítico 10:1-2).

Por qué fueron quemados Nadab y Abiú

¡Cómo da que pensar la historia de Nadab y Abiú! Ellos servían como sacerdotes, pero no porque fueran personalmente rectos sino porque pertenecían a la familia que Dios había escogido. Dios había puesto a Aarón por sacerdote y el aceite de la unción había sido derramado sobre su cabeza. En todos los asuntos del servicio, Aarón era el jefe; sus hijos eran simples ayudantes que servían junto al altar obedeciendo órdenes de su padre. Dios nunca tuvo la intención de dejar que los hijos de Aarón sirvieran independientemente, sino que los puso bajo la autoridad de su padre. Doce veces se menciona a Aarón y a sus hijos en Levítico 8. En el capítulo siguiente vemos que Aarón ofreció sacrificios, con sus hijos ayudándole a su lado. Si Aarón no hacía ningún movimiento, sus hijos tampoco debían moverse. Todo comenzaba con Aarón, no con sus hijos. Si ellos se aventuraran a ofrecer sacrificios por sí mismos, ofrecerían fuego extraño. Fue precisamente esto, sin embargo, lo que hicieron Nadab y Abiú, hijos de Aarón. Ellos creían que podían ofrecer sacrificios por sí mismos; así que los ofrecieron sin que Aarón se los ordenara. Fuego extraño significa servir sin haber recibido órdenes, servir sin obedecer a la autoridad. Nadab y Abiú habían visto a su padre ofrecer sacrificios; para ellos, esto era muy sencillo. Así que supusieron que podían hacer lo mismo. En lo único que pensaron fue en si eran capaces o no de hacer lo mismo. No vieron al que representaba la autoridad de Dios.

EL SERVICIO ES INICIADO POR DIOS

Aquí nos enfrentamos a un problema bastante serio: el servir a Dios y el ofrecer fuego extraño parecen ser muy semejantes y, sin embargo, no hay ninguna relación entre el uno y el otro. El verdadero servicio es iniciado por Dios. Cuando el hombre sirve bajo la autoridad de Dios, es aceptado debido a eso mismo. El fuego extraño tiene su origen en el hombre. Y no requiere conocer la voluntad de Dios ni obedecer su autoridad. Es enteramente hecho por el celo del hombre y termina en la muerte. Si ocurre que nuestro servicio y trabajo están cada vez más muertos, es tiempo de que le pidamos a Dios que nos ilumine para ver si servimos en el verdadero principio del servicio, o si lo hacemos según el principio del fuego extraño.

LA OBRA DE DIOS ES LA COORDINACIÓN DE LA AUTORIDAD

Nadab y Abiú actuaron aparte de Aarón; en consecuencia, actuaron independientemente de Dios. La obra de Dios debía coordinarse bajo la autoridad: Dios quería que Nadab y Abiú sirvieran bajo la autoridad de Aarón. Notemos en el Nuevo Testamento cómo Bernabé y Pablo, Pablo y Timoteo, y Pedro y Marcos trabajaron juntos. Algunos tenían responsabilidades mientras otros ayudaban. En su obra Dios pone a algunos para estar en autoridad junto con otros que deben estar bajo autoridad. Dios nos llamó a ser sacerdotes según el orden de Melquisedec; por consiguiente, debemos servir a Dios según el orden de la autoridad coordinada.

El que desordenadamente levanta su cabeza y actúa en forma independiente está en rebeldía, la consecuencia de lo cual es la muerte. Todo aquel que trate de servir sin tener primero un encuentro con la autoridad, ofrece fuego extraño.

Cualquiera que diga «Si él puede, yo también», está en rebelión. Dios no sólo cuida de ver que haya fuego, sino que también está muy interesado en prestar atención a la naturaleza del fuego. La rebelión cambia la naturaleza de un fuego. Lo que no había sido ordenado por Jehová ni por Aarón era fuego extraño. Lo que Dios busca no es el sacrificio sino mantener la autoridad. Por consiguiente, los hombres deben aprender a ser seguidores, a desempeñar un papel secundario para siempre.

Tal como la autoridad delegada sigue a Dios, así también los que están sujetos a la autoridad deben seguir a la autoridad delegada de Dios. No hay lugar para el servicio individual aislado. En el trabajo espiritual todos deben servir coordinadamente. La coordinación es la regla; el individuo no es la unidad. Nadab y Abiú no estaban coordinados con Aarón, por lo cual tampoco estaban coordinados con Dios. No debieron haber dejado a Aarón y servir independientemente. Los que no acataran la autoridad serían consumidos por el fuego que saldría de delante de Dios. Y aunque Aarón no se dio cuenta de la gravedad de este asunto, Moisés sí entendió lo serio que era rebelarse contra la autoridad de Dios. Muchos tratan hoy de servir a Dios en forma independiente. Jamás han estado sujetos a la autoridad y sin saberlo pecan contra la autoridad de Dios.

4. LA MURMURACIÓN DE AARÓN Y MARÍA

María y Aarón hablaron contra Moisés a causa de la mujer cusita que había tomado; porque él había tomado mujer cusita. Y dijeron: ¿Solamente por Moisés ha hablado Jehová? ¿No ha hablado también por nosotros? Y lo oyó Jehová. Y aquel varón Moisés era muy manso, más que todos los hombres que había sobre la tierra. Luego, dijo Jehová a Moisés, a Aarón y a María: Salid vosotros tres al tabernáculo de reunión. Y salieron ellos tres. Entonces Jehová descendió en la columna de la nube, y se puso a la puerta del tabernáculo, y llamó a Aarón y a María; y salieron ambos. Y él les dijo: Oíd ahora mis palabras. Cuando haya entre vosotros profeta de Jehová, le apareceré en visión, en sueños hablaré con él. No así a mi siervo Moisés, que es fiel en toda mi casa. Cara a cara hablaré con él, y claramente, y no por figuras; y verá la apariencia de Jehová. ¿Por qué, pues, no tuvisteis temor de hablar contra mi siervo Moisés? Entonces la ira de Jehová se encendió contra ellos; y se fue. y la nube se apartó del tabernáculo, y he aquí que María estaba leprosa como la nieve; y miró Aarón a María, y he aquí que estaba leprosa. y dijo Aarón a Moisés: ¡Ah! señor mío, no pongas ahora sobre nosotros este pecado; porque locamente hemos actuado, y hemos pecado. No quede ella ahora como el que nace muerto, que al salir del vientre de su madre, tiene ya medio consumida su carne. Entonces Moisés clamó a Jehová, diciendo: Te ruego, oh Dios, que la sanes ahora. Respondió Jehová a Moisés: Pues si su padre hubiera escupido en su rostro, ¿no se avergonzaría por siete días? Sea echada fuera del campamento por siete días, y después volverá a la congregación. Así María fue echada del campamento siete días; y el pueblo no pasó adelante hasta que se reunió María con ellos. Después el pueblo partió de Hazerot, y acamparon en el desierto de Parán (Números 12).

AL HABLAR CONTRA LA AUTORIDAD REPRESENTATIVA SE INCURRE EN LA IRA DIVINA

Aarón y María eran hermanos mayores de Moisés. En consecuencia, Moisés debía estar sujeto a la autoridad de ellos en el hogar. Pero en el llamamiento y obra de Dios, ellos debían someterse a la autoridad de Moisés. Aarón y María no estaban contentos con la mujer etíope con la cual se había casado Moisés; así que hablaron contra él, diciendo: «¿Solamente por Moisés ha hablado Jehová? ¿No ha hablado también por nosotros?» Un etíope es un africano, un descendiente de Cam. Moisés no debió haberse casado con esta mujer etíope. Como hermana mayor, María podía reprender a su hermano en base a su relación familiar. Pero cuando abrió su boca para denigrar a su hermano aludió a la obra de Dios, objetando así la posición de Moisés.

Dios había encomendado su autoridad delegada en la obra a Moisés. ¡Qué malo fue que Aarón y María atacaran la posición de Moisés en base a un problema familiar! No obstante despreciar María a su hermano, era Dios quien había escogido a Moisés para sacar al pueblo de Israel de Egipto. Por eso Dios estaba sumamente disgustado con ella. María podía tratar con su hermano; pero no podía injuriar a la autoridad de Dios. El problema consistió en que ni Aarón ni María reconocieron la autoridad de Dios. Al basarse en un fundamento puramente natural, concibieron un corazón rebelde.

Pero Moisés no protestó. Sabía que si Dios lo había levantado para ser la autoridad, no necesitaba defenderse. Todos los que lo injuriaran hallarían la muerte. Puesto que Dios le había dado autoridad, podía guardar silencio. Un león no necesita protección, ya que tiene consigo plena autoridad. Moisés podía representar a Dios en la autoridad porque se había sometido primeramente a la autoridad de Dios, pues era muy manso, más que todos los hombres que había sobre la faz de la tierra. La autoridad que Moisés representaba era la de Dios. Y nadie puede quitar la autoridad que Dios ha dado.

Las palabras rebeldes ascienden al cielo y son oídas por Dios. Cuando Aarón y María pecaron contra Moisés, pecaron contra Dios, quien estaba en Moisés. La ira del Señor se encendió contra ellos. Cada vez que el hombre se pone en contacto con la autoridad delegada de Dios, se pone en contacto con Dios, quien está en esa persona. Pecar contra la autoridad delegada es pecar contra Dios.

LA AUTORIDAD ES OPCIÓN DE DIOS, NO LOGRO DEL HOMBRE

Dios citó a los tres al tabernáculo de reunión. Aarón y María fueron sin vacilar, porque creían que Dios debía estar de parte de ellos y también porque tenían mucho que decirle a

Dios, puesto que Moisés había causado todos estos disturbios en la familia por haberse casado con una mujer etíope. Pero Dios proclamó que Moisés era su siervo, quien era fiel en toda su casa. ¿Cómo se atrevían a hablar contra su siervo? La autoridad espiritual no es algo que uno logra por sus propios esfuerzos. Es dada por Dios a quien él escoge. ¡Qué diferente es lo espiritual de lo natural!

Dios mismo es la autoridad. Guardémonos de ofender. Todo aquel que habla contra Moisés habla contra el escogido de Dios. Jamás despreciemos al vaso escogido de Dios.

LA REBELIÓN SE MANIFIESTA EN LA LEPRA

La ira de Dios se encendió contra María y Aarón, y la nube se apartó del tabernáculo. Se perdió la presencia de Dios e inmediatamente María se volvió leprosa como la nieve. Su lepra no provino de contaminación sino que fue claramente un castigo de Dios. En ningún sentido ser leprosa era mejor que ser etíope. La rebelión de María era algo interno y se manifestó en la lepra, la cual era externa. Y la que así se había vuelto leprosa tuvo que ser aislada, perdiendo toda comunicación con los demás.

Cuando Aarón vio que María estaba leprosa, le rogó a Moisés que actuara de mediador y orara por la sanidad de ella. Pero Dios dijo: «Pues si su padre hubiera escupido en su rostro, ¿no se avergonzaría por siete días? Sea echada fuera del campamento por siete días, y después volverá a la congregación.» En consecuencia, el traslado del tabernáculo se demoró siete días. Cada vez que haya rebelión y murmuración entre nosotros, perderemos la presencia de Dios y permanecerá inmóvil el tabernáculo terrenal. La columna de nube de Dios no descenderá hasta que se haya tratado con las palabras injuriosas. Si no se resuelve este asunto de la autoridad, todo lo demás llega a ser vacío e inútil.

ADEMÁS DE LA AUTORIDAD DIRECTA, DEBEMOS SOMETERNOS A LA AUTORIDAD REPRESENTATIVA.

Muchos se consideran personas obedientes a Dios cuando en realidad no saben nada de someterse a la autoridad delegada de Dios. El que de veras es obediente verá la autoridad de Dios en toda circunstancia, en el hogar y en otras instituciones. Dios preguntó: «¿Por qué, pues, no tuvisteis temor de hablar contra mi siervo Moisés?» Debe prestarse especial atención cada vez que se profieren palabras injuriosas. Tales palabras no debieran hablarse ociosamente. La injuria prueba que dentro de uno hay un espíritu rebelde, el cual es el germen de la rebelión. Debemos temer a Dios y no hablar descuidadamente. Pero hoy hay quienes hablan contra los ancianos de la iglesia u otras personas que están sobre ellos y no se dan cuenta de la gravedad de hablar así. Cuando la iglesia se avive en la gracia de Dios, los que hayan proferido injurias serán tratados como leprosos.

Que Dios tenga misericordia de nosotros para que entendamos que esto no es asunto de nuestro hermano sino de la autoridad instituida de Dios. Cuando hayamos tenido un encuentro con la autoridad entenderemos cuánto hemos pecado contra Dios. Nuestro concepto del pecado experimentará un cambio radical. Veremos el pecado como Dios lo ve. Veremos que el pecado que Dios condena es la rebelión del hombre.

5. La rebelión de Coré, Datán y Abiram

Rebelión colectiva

Un ejemplo de rebelión colectiva se registra en el capítulo 16 del libro de Números. Coré y su compañía pertenecían a los levitas; por consiguiente, representaban a los individuos espirituales. Por otra parte, Datán y Abiram eran hijos de Rubén y, por tanto, representaban a los dirigentes. Todos éstos, junto con 250 dirigentes de la congregación, se reunieron para rebelarse contra Moisés y Aarón. Arbitrariamente atacaron a ambos, diciendo: «¡Basta ya de vosotros! Porque toda la congregación, todos ellos son santos, y en medio de ellos está Jehová; ¿por qué, pues, os levantáis vosotros sobre la congregación de Jehová?» (versículo 3). Fueron irrespetuosos con Moisés y Aarón. Puede que hayan sido muy honestos en lo que decían, pero les faltó ver la autoridad del Señor. Ellos consideraron este asunto como un problema personal, como si no hubiera autoridad entre el pueblo de Dios. En su ataque no mencionaron la relación de Moisés con Dios ni el mandamiento de Dios.

No obstante, aun bajo estas graves acusaciones, Moisés no se enojó ni perdió la paciencia. Simplemente se postró sobre su rostro delante del Señor. Puesto que la autoridad pertenece al Señor, él no usaría ninguna autoridad ni haría nada por sí mismo. Así pues, Moisés les dijo a Coré y a su séquito que esperaran hasta el día siguiente, cuando el Señor mostraría quién era suyo y quién era santo. Así contestó al mal carácter con un buen espíritu.

Lo que Coré y su séquito dijeron estaba basado en la razón y la conjetura. Sin embargo, Moisés contestó: «Jehová mostrará quién es suyo y quién es santo, y hará que se acerque a él» (versículo 5). La disputa no era con Moisés, sino con el Señor. El pueblo creía que sencillamente se oponía a Moisés y a Aarón; no tenían ni la más leve intención de ser rebeldes a Dios, pues todavía deseaban servirle. Simplemente desdeñaban a Moisés y a Aarón.

Pero Dios y su autoridad delegada son inseparables. No es posible mantener una actitud hacia Dios y otra hacia Moisés y Aarón. Nadie puede rechazar la autoridad delegada de Dios con una mano y recibir a Dios con la otra. Si quisieran someterse a la autoridad de Moisés y Aarón, entonces sí estarían bajo la autoridad de Dios. Moisés, sin embargo, no se exaltó por causa de la autoridad que Dios le había dado. Al contrario, se humilló bajo la autoridad de Dios y contestó a su acusador con mansedumbre, diciéndole: «Haced esto: tomaos incensarios, Coré y todo su séquito, y poned fuego en ellos, y poned en ellos incienso delante de Jehová mañana; y el varón a quien Jehová escogiere, aquel será el santo» (versículos 6-7). Siendo Moisés más maduro, previó las consecuencias; así que, suspirando, dijo: «Oíd ahora, hijos de Leví: ¿Os es poco que el Dios de Israel os haya apartado de la congregación de Israel, acercándoos a él para que ministréis en el servicio del tabernáculo de Jehová, y estéis delante de la congregación para ministrarles?.. Por tanto, tú y todo tu séquito sois los que os juntáis contra Jehová» (versículos 7-11).

Datán y Abiram no estaban presentes en ese momento, porque cuando Moisés envió a llamarles rehusaron venir; pero se quejaron, diciendo: «¿Es poco que nos hayas hecho venir de una tierra que destila leche y miel (Egipto), para hacernos morir en este desierto. . . ? . . . ¿Sacarás los ojos de estos hombres?» (versículos 13-14). Su actitud era muy rebelde. No creían en las promesas de Dios; lo que buscaban era la bendición terrenal. Olvidaron que era por su propia falta que no habían entrado en Canaán; en cambio, hablaron rudamente contra Moisés.

DIOS ELIMINÓ LA REBELIÓN DE SU PUEBLO

En este momento se encendió la ira de Moisés. En vez de hablarles, oró a Dios. ¡Cuántas veces la rebelión del hombre fuerza la mano judicial de Dios! Diez veces los israelitas habían tentado a Dios y cinco veces le habían desobedecido, y Dios tuvo paciencia y los perdonó; pero Dios juzgó esta rebelión diciendo: «Apartaos de entre esta congregación, y los consumiré en un momento» (véase el versículo 21). El destruiría la rebelión de entre su pueblo. Pero Moisés y Aarón se postraron sobre sus rostros y oraron, diciendo: «¿No es un solo hombre el que pecó? ¿Por qué airarte contra toda la congregación?» (versículo 22). Dios contestó la oración de ellos; pero juzgó a Coré y a su séquito. La autoridad que Dios había instituido era la persona a quien Israel debía escuchar. Hasta Dios mismo dio testimonio ante los israelitas de que él también aceptaba las palabras de Moisés.

La rebelión es un principio infernal. Como esta gente se rebeló, se abrió la puerta del Seol. La tierra abrió su boca y tragó a todos los hombres del séquito de Coré, Datán y Abiram y a todos sus bienes. En consecuencia, ellos y todo lo que les pertenecía descendieron vivos al Seol (versículos 32-33). Las puertas del Hades no prevalecerán contra la iglesia; pero un espíritu rebelde puede abrir sus puertas. Una razón por la que a veces la iglesia no prevalece es la presencia de los rebeldes. La tierra no abrirá su boca a menos que haya un espíritu rebelde. Todos los pecados liberan el poder de la muerte; pero el pecado de rebelión lo hace mucho más. Sólo los obedientes pueden cerrar las puertas del Hades y liberar la vida.

LOS OBEDIENTES SIGUEN LA FE, NO LA RAZÓN

Para los israelitas no era fuera de razón el quejarse de que Moisés no los hubiera traído a una tierra que fluía leche y miel ni les hubiera dado una herencia de campos con viñedos. Todavía estaban en el desierto y, sin embargo, tenían que entrar a la tierra que destilaba leche y miel. Pero notemos esto: el que anda por la razón y la vista sigue el camino de la razón; sólo el que obedece a la autoridad es el que entra a Canaán por la fe. Nadie que siga la razón podrá andar por la senda espiritual, porque ésta es superior al razonamiento humano. Solamente los fieles pueden disfrutar de la abundancia espiritual, los que por la fe aceptan la columna de nube y fuego, y la dirección de la autoridad delegada de Dios tal como la que Moisés representaba.

La tierra abre su boca para apresurar la caída de los desobedientes en el Seol, porque ellos van por el camino de la muerte. Los ojos de los desobedientes son muy penetrantes; pero ¡ay! todo lo que ven es la aridez del desierto. Aunque parezcan ciegos los que proceden por la fe, pues no notan la aridez que hay delante de ellos, con los ojos de la fe ven la promesa mejor que tienen por delante. Y así entran a Canaán. Por lo tanto, los hombres deben estar sujetos a la autoridad de Dios y aprender a ser dirigidos por la autoridad delegada de Dios. Los que solamente se enfrentan con padres, hermanos y hermanas no saben lo que es la autoridad, y consiguientemente no han conocido a Dios. En resumen, entonces, la autoridad no es un asunto de instrucción externa sino de revelación interna.

LA REBELIÓN ES CONTAGIOSA

Hay dos ejemplos de rebelión en Números 16. Del versículo 1 al 40 se rebelaron los dirigentes; del 41 al 50, toda la congregación. El espíritu de rebelión es muy contagioso. El juicio de los 250 dirigentes que ofrecieron incienso no trajo ninguna tregua a la congregación. Todavía eran muy rebeldes, afirmando que Moisés había dado muerte a sus dirigentes. ¡Pero Moisés y Aarón no mandaron que la tierra abriera su boca! Fue Dios quien lo ordenó. ¡Moisés no pudo hacer que descendiera fuego y consumiera al pueblo! El fuego vino del Señor Dios.

Los ojos humanos solamente ven a los hombres; no saben que la autoridad viene de Dios. Tales personas son tan audaces que no tienen temor, aunque hayan visto el juicio. ¡Qué peligroso es el desconocimiento de la autoridad! Cuando toda la congregación se juntó contra Moisés y Aarón, apareció la gloria del Señor. Esto demostró que la autoridad era de Dios. El Señor salió a ejecutar juicio. Comenzó una plaga y murieron 14.700 personas como consecuencia de ella. En medio de todo esto, la espiritualidad de Moisés se encontraba muy elevada; inmediatamente le pidió a Aarón que tomara su incensario y pusiera en él fuego del altar, y sobre él pusiera incienso y lo llevara rápidamente a la congregación para hacer expiación por ellos. Y cuando Aarón se puso entre los muertos y los vivos, cesó la mortandad.

Dios pudo soportar sus murmuraciones en el desierto muchas veces; pero no permitiría que resistieran a su autoridad. Dios puede tolerar y soportar muchos pecados, pero no puede tolerar la rebelión, porque ésta es el principio de la muerte, el principio de Satanás. En consecuencia, el pecado de rebelión es más grave que cualquier otro pecado. Cada vez que el hombre resiste a la autoridad, Dios ejecuta juicio de inmediato. ¡Qué solemne es esto!

CAPÍTULO *4*

David y su conocimiento de la autoridad

*E*ntonces los hombres de David le dijeron: He aquí el día de que te dijo Jehová: He aquí que entrego a tu enemigo en tu mano, y harás con él como te pareciere. Y se levantó David, y calladamente cortó la orilla del manto de Saúl. Después de esto se turbó el corazón de David, porque había cortado la orilla del manto de Saúl. Y dijo a sus hombres: Jehová me guarde de hacer tal cosa contra mi señor, el ungido de Jehová, que yo extienda mi mano contra él; porque es el ungido de Jehová (1a. de Samuel 24.4-6).

Y David respondió a Abisay: No le mates; porque ¿quién extenderá su mano contra el ungido de Jehová, y será inocente? . . . Guárdeme Jehová de extender mi mano contra el ungido de Jehová (1 Samuel 26:9,11).

Y le dijo David: ¿Cómo no tuviste temor de extender tu mano para matar al ungido de Jehová? (2 Samuel 1:14).

No fue al precio de la rebelión que David procuró el trono

Cuando Dios instituyó formalmente su autoridad sobre la tierra fue en el tiempo en que se estableció el reino de Israel. Los israelitas, habiendo entrado en Canaán, le pidieron un rey a Dios. Entonces Dios le encomendó a Samuel que ungiera a Saúl como el primer rey. Saúl fue escogido y establecido por Dios para que fuera su autoridad delegada. Desgraciadamente, una vez que fue rey desobedeció la autoridad de Dios hasta el punto de procurar destruirla. Perdonó al rey de los amalecitas y a lo mejor de las ovejas, bueyes, animales engordados y corderos, y a todo lo bueno. Como esto se hizo en desobediencia a la palabra de Dios, el Señor rechazó a Saúl y ungió a David. Sin embargo, David era todavía un hombre que estaba bajo la autoridad de Saúl. El estaba entre la gente de Saúl, formaba parte de su ejército y posteriormente fue escogido por yerno suyo. Por lo tanto, ambos eran ungidos. Pero entonces Saúl procuró muchas veces matar a David. ¡Israel tenía dos reyes! El rey rechazado estaba todavía en el trono; el escogido aún no había ascendido. David estaba en una posición muy difícil.

Saúl salió a buscar a David al desierto de En-gadi. Durante el viaje se metió en una cueva en cuyos rincones se hallaban sentados David y sus hombres. Estos le sugirieron a David que matara a Saúl; pero él resistió la tentación, porque no se atrevió a alzar su mano contra la autoridad. En cuanto al trono, ¿es que acaso David no era ungido por Dios? Y ya que estaba directamente involucrado en el plan y la voluntad de Dios, ¿podía alguien prohibirle ser rey? ¿Por qué, pues, no debía David ayudarse para serlo? ¿No sería acaso un buen paso ayudar a Dios a hacer su voluntad? Pero David creía firmemente que no podía matar a Saúl. Hacerlo sería rebelarse contra la autoridad de Dios, dado que todavía estaba la unción del Señor sobre Saúl. Aunque éste había sido rechazado, era, sin embargo, el ungido de Dios, uno a quien Dios había establecido. Si le dieran muerte a Saúl en este momento, David podría ascender al trono de inmediato y no habría necesidad de retrasar tantos años la voluntad de Dios. Pero David era un hombre que sabía negarse a sí mismo. Prefería retrasar su propio ascenso al trono que ser rebelde. Por eso es que finalmente llegó a ser la autoridad delegada de Dios.

Una vez que Dios hubiera puesto a Saúl por rey y a David

bajo la autoridad de Saúl, David habría tenido que pagar el precio de la rebelión si hubiera llegado al trono matando a Saúl. Habría tenido que convertirse en rebelde. Y no se atrevió a hacer esto. El principio involucrado es similar al aplicado por Miguel cuando no se atrevió a pronunciar un juicio de maldición sobre Satanás (Judas 9). Podemos ver, por tanto, que la autoridad es un asunto de implicaciones sumamente profundas.

LA OBEDIENCIA ES SUPERIOR A LA OBRA

Si los hombres han de servir a Dios, la sujeción a la autoridad es una necesidad absoluta. La obediencia trasciende a lo que hacemos. Si David fuera a gobernar su reino pero no se sometiera a la autoridad de Dios, sería tan inútil como Saúl.

El mismo principio de rebelión opera en el Saúl del Antiguo Testamento así como en el Judas del Nuevo Testamento: el primero perdonó lo mejor de las ovejas y los bueyes, mientras que el segundo codició las treinta piezas de plata. La consagración no cubre el pecado de la rebelión. David no se atrevió a matar a Saúl con sus propias manos para facilitar el plan y la voluntad de Dios. Más bien, esperó que Dios obrara; en su corazón había una tranquila obediencia. Hasta esa vez cuando cortó la orilla del manto de Saúl, se le turbó el corazón.

La espiritualidad de David era tan elevada como la de los creyentes del Nuevo Testamento. Hoy debiéramos condenar no solamente el homicidio, sino hasta una acción mucho más pequeña, tal como la de cortar la orilla del manto de otro con un cuchillito, porque esto también es rebelión. Puede que la calumnia, los malos modales o la resistencia interna no se clasifiquen como matar; con todo, ciertamente constituyen lo mismo que cortar la orilla del manto. Todas estas cosas se originan en un espíritu rebelde.

David era una persona que conocía la autoridad de Dios en su corazón. Aunque Saúl lo persiguió en reiteradas ocasiones, se sometió a la autoridad de Dios. Hasta se dirigió a Saúl como «mi señor» o «el ungido de Jehová». Esto revela un hecho importante: la sumisión a la autoridad no consiste en someterse a una persona sino en someterse a la unción que está sobre esa persona, la unción que vino sobre ella cuando Dios la ordenó como autoridad. David reconoció la unción que había en Saúl y que él era el ungido de Jehová. En consecuencia, David prefería huir por su vida antes que extender su mano para matar a Saúl. En verdad, Saúl desobedeció el mandamiento de Dios, por lo cual Dios lo rechazó. Sin embargo, esto fue entre Saúl y Dios. La responsabilidad de David ante Dios era someterse al ungido de Jehová.

DAVID MANTUVO LA AUTORIDAD DE DIOS

David apoyaba plenamente la autoridad de Dios. Es precisamente esta característica la que Dios desea recobrar. Una vez más, en el desierto de Zif, se presentó una ocasión similar a la de En-gadi. Por segunda vez vino la tentación de matar a Saúl: éste yacía dormido y David se abrió paso hasta su campamento. Abisay quería matar a Saúl, pero David se lo prohibió y le contestó con un juramento: «¿Quién extenderá su mano contra el ungido de Jehová, y será inocente?» (1 Samuel 26:9). Por segunda vez, David perdonó a Saúl. Solamente se llevó la lanza y la vasija del agua que estaban a la cabecera de Saúl. Esto fue algo mucho mejor con respecto al caso anterior, porque esta vez David tocó solamente cosas que estaban aparte del cuerpo de Saúl, no algo que estuviera sobre su cuerpo. David prefería ser obediente a Dios y mantener la autoridad de Dios antes que salvar su propia vida.

En 1 Samuel 31 y 2 Samuel 1 leemos sobre cómo Saúl logró suicidarse con la ayuda de un joven amalecita. El joven vino corriendo a David a buscar una recompensa, diciendo que él había dado muerte a Saúl. Pero la actitud de David seguía siendo de completa abnegación y sumisión a la autoridad de Dios. Así pues, le habló al joven, diciendo: «¿Cómo no tuviste temor de extender tu mano para matar al ungido de Jehová?» E inmediatamente ordenó que fuera muerto el joven portador de la noticia.

Porque David mantuvo la autoridad de Dios, él lo reconoció como un hombre según su corazón. El reino de David continúa hasta ahora; porque el Señor Jesús es un descendiente de David. Solamente pueden ser autoridad los que se someten a la autoridad. Este asunto es sumamente serio. Es necesario que extirpemos todas las raíces de rebelión de dentro de nosotros. Es absolutamente imprescindible que nos sometamos a la autoridad antes de ejercer autoridad. La iglesia existe por causa de la obediencia. Ella no tiene temor de los débiles sino de los rebeldes. Debemos someternos a la autoridad de Dios en nuestro corazón antes que la iglesia pueda ser bendecida. Si hay un futuro para la iglesia o no, depende de nosotros. Vivimos en días críticos.

CAPÍTULO 5

La obediencia del Hijo

*H*aya, pues, en vosotros este sentir que hubo también en Cristo Jesús, el cual, siendo en forma de Dios, no estimó el ser igual a Dios como cosa a que aferrarse, sino que se despojó a sí mismo, tomando forma de siervo, hecho semejante a los hombres; y estando en la condición de hombre, se humilló a sí mismo, haciéndose obediente hasta la muerte, y muerte de cruz. Por lo cual Dios también le exaltó hasta lo sumo, y le dio un nombre que es sobre todo nombre, para que en el nombre de Jesús se doble toda rodilla de los que están en los cielos, y en la tierra, y debajo de la tierra; y toda; lengua confiese que, Jesucristo es el Señor, para gloria de Dios Padre (Filipenses 2:5-11)

Y Cristo, en los días de su carne, ofreciendo ruegos y súplicas con gran clamor y lágrimas al que le podía librar de la muerte, fue oído a causa de su temor reverente. Y aunque era Hijo, por lo que padeció aprendió la obediencia; y habiendo sido perfeccionado, vino a ser autor de eterna salvación para todos los que le obedecen (Hebreos 5:7-9).

EL SEÑOR INICIA LA OBEDIENCIA

La Biblia nos dice que el Señor Jesús y el Padre son uno. En el principio era el Verbo, y el Verbo era Dios. Los cielos y la tierra fueron hechos por el Verbo. La gloria que Dios tenía en el principio, la inasequible gloria de Dios, era también la gloria del Hijo. El Padre y el Hijo existen igualmente y son iguales en poder y posesión. Solamente en persona hay diferencia entre el Padre y el Hijo. No es ésta una diferencia esencial, es meramente un convenio dentro de la Deidad. Por lo tanto, la Escritura dice que el Señor «no estimó el ser igual a Dios como cosa a que aferrarse». Tampoco su igualdad con Dios es algo apropiado o adquirido, porque intrínsecamente él es la imagen de Dios.

Filipenses 2:5-7 forma una sección y los versículos 8-11, otra. En estas dos secciones se ve que nuestro Señor se humilló dos veces: primero, se despojó a sí mismo en su divinidad, y luego, se humilló a sí mismo en su humanidad. Cuando vino a este mundo, el Señor se había despojado de tal modo de la gloria, del poder, del estado y de la forma de su divinidad que nadie de los que vivían entonces lo conoció o reconoció como Dios, a menos que fuera por medio de una revelación. Lo trataron como hombre, como una persona común y corriente de este mundo. Como Hijo, él se somete voluntariamente a la autoridad del Padre y declara: «El Padre mayor es que yo» (Juan 14:28). Así pues, hay perfecta armonía en la Deidad. Gustosamente el Padre toma el lugar de la Cabeza y el Hijo responde con obediencia. Dios viene a ser el emblema de la autoridad mientras que Cristo adopta el símbolo de la obediencia.

Para nosotros, los hombres, ser obedientes debiera ser sencillo, porque todo lo que necesitamos no es más que un poco de humildad. Pero para Cristo el ser obediente no es una cosa tan sencilla. Para él es mucho más difícil ser obediente que crear los cielos y la tierra. ¿Por qué? Porque tiene que despojarse de toda la gloria y poder de su divinidad y tomar forma de siervo antes de estar calificado para obedecer. En consecuencia, la obediencia es iniciada por el Hijo de Dios.

Al principio, el Hijo compartió la misma gloria y autoridad con el Padre. Pero cuando vino al mundo, dejó por una par-

te la autoridad y por la otra adoptó la obediencia. Voluntariamente tomó el lugar de un esclavo, aceptando las limitaciones
humanas de espacio y tiempo. Se humilló hasta el extremo y
fue obediente hasta la muerte. La obediencia dentro de la Divinidad es el espectáculo más maravilloso de todo el universo.
Puesto que Cristo fue obediente hasta la muerte, sufriendo en
la cruz una muerte muy dolorosa y vergonzosa, Dios lo exaltó
hasta la sumo. Dios exalta al que se humilla. Este es un principio divino.

Ser lleno de Cristo es ser lleno de obediencia

Puesto que el Señor inició la obediencia, el Padre ha venido
a ser la Cabeza de Cristo. Ahora bien, ya que la autoridad así
como la obediencia han sido instituidas por Dios, es muy natural que los que conocen a Dios y a Cristo le obedezcan. Pero los
que no conocen a Dios ni a Cristo, no conocen ni la autoridad
ni la obediencia. Cristo es el principio de la obediencia. Por
consiguiente, una persona llena de Cristo debe ser también
una persona llena de obediencia.

En nuestros días es frecuente que la gente pregunte: «¿Por
qué debo obedecer? Ya que tanto usted como yo somos hermanos, ¿por qué tengo que obedecerle?» Pero los hombres no
están calificados para hacer preguntas como éstas. Solamente
el Señor está calificado; sin embargo, jamás dijo él tales palabras ni concibió semejante pensamiento en su mente. Cristo
representa la obediencia, la que es tan perfecta como la autoridad de Dios. Que Dios tenga misericordia de los que afir-
man conocer la autoridad cuando la obediencia todavía está
ausente de sus vidas.

El camino del Señor

En cuanto a la Deidad, el Hijo y el Padre son recíprocamente
iguales; pero el hecho de que el Hijo sea el Señor se lo concedió
Dios como recompensa. El Señor Jesucristo fue hecho Señor

sólo después de renunciar a sí mismo. Su Deidad se deriva de lo que él es, porque el ser Dios es su naturaleza inherente. Pero el ser Señor se deriva de lo que hizo. Dios lo exaltó y recompensó con el señorío tan sólo después de dejar su gloria y de mantener el perfecto papel de la obediencia. En cuanto a sí mismo, el Señor Jesucristo es Dios; en cuanto a la recompensa, es Señor. Originalmente, su señorío no existía en la Deidad.

El pasaje de Filipenses 2 es muy difícil de explicar, porque, además de ser muy sagrado, es sumamente controvertible. Quitémonos el calzado y parémonos en suelo santo mientras analizamos esta parte de la Escritura. Parece que al principio se celebró un consejo dentro de la Deidad. Dios concibió el plan de crear el universo. En ese plan, la Deidad acordó que el Padre representa la autoridad. Pero sin obediencia, la autoridad no se puede establecer en el universo, dado que no puede existir sola. Por lo tanto, es preciso que Dios halle obediencia en el universo. Dos clases de seres vivientes iban a ser creados: los ángeles (espíritus) y los hombres (almas vivientes). Según su presciencia, Dios previó la rebelión de los ángeles y la caída del hombre; así que él no podía establecer su autoridad en los ángeles o la raza adánica. En consecuencia, en la Deidad se llegó al perfecto acuerdo de que la autoridad sería correspondida por la obediencia del Hijo. De esto vinieron las operaciones distintivas de Dios Padre y de Dios Hijo. Un día, Dios Hijo se despojó a sí mismo y, habiendo nacido semejante a los hombres, se convirtió en el símbolo de la obediencia. En vista de que la rebelión vino de los seres creados, la obediencia debe establecerse ahora en una criatura. El hombre pecó y se rebeló; por lo consiguiente, la autoridad de Dios debe fundamentarse en la obediencia del hombre. Esto explica el porqué vino el Señor al mundo y fue hecho como uno de los hombres creados.

En realidad, el nacimiento de nuestro Señor fue Dios manifestándose. En vez de permanecer como Dios con autoridad, vino al lado del hombre, aceptando todas las limitaciones de éste y tomando forma de siervo. Arrostró el posible riesgo de no poder regresar con gloria. Si como hombre hubiera sido desobediente en la tierra, aún habría podido reclamar su lugar en la Deidad defendiendo su autoridad original; pero si lo hubiera hecho habría quebrantado para siempre el principio de la obediencia.

Había dos maneras en que el Señor podía volver: una consistía en obedecer como hombre, absolutamente y sin reservas, estableciendo la autoridad de Dios en todas las cosas y en toda ocasión sin el más leve indicio de rebelión; así, paso a paso, por medio de la obediencia a Dios, sería hecho Señor sobre todas las cosas. La otra consistía en regresar abriéndose paso a la fuerza, es decir, reclamando y usando la autoridad, poder y gloria de su Deidad a raíz de haber hallado que la obediencia era imposible por la debilidad y limitaciones de la carne.

Ahora bien, el Señor descartó esta segunda manera y anduvo humildemente por el camino de la obediencia, obediencia hasta la muerte. Una vez que se hubo despojado a sí mismo, rehusó llenarse de nuevo. Jamás siguió una línea de conducta ambigua. Si el Señor hubiera fracasado en el camino de la obediencia después de renunciar a su gloria y autoridad divinas y de tomar forma de siervo, nunca más habría vuelto con gloria. Fue tan sólo por el camino de la obediencia en su condición de hombre que regresó. Así fue como él regresó en base a su perfecta y singular obediencia. Aunque tuvo que soportar sufrimiento tras sufrimiento, mostró absoluta obediencia, sin la más leve sombra de resistencia o rebelión.

Por consiguiente, Dios lo exaltó hasta lo sumo y lo hizo Señor cuando volvió a la gloria. No fue que él se llenara de aquello de que se había despojado; al contrario, fue Dios Padre quien lo hizo. Fue el Padre quien trajo a este Hombre de regreso a la gloria. Así pues, Dios Hijo ha venido a ser también ahora el Hombre Jesús en su retorno a la gloria. Por esta razón, el nombre de Jesús es tan precioso; en el universo no hay nadie como él. Cuando en la cruz clamó «¡Consumado es!», proclamó no solamente la consumación de la salvación sino también el cumplimiento de todo lo que significa su nombre. Por lo tanto, él ha obtenido un nombre que es sobre todo nombre, y en su nombre se doblará toda rodilla y toda lengua confesará que Jesús es el Señor. De aquí en adelante, él es Señor así como Dios. El hecho de ser Señor habla de su relación con Dios, de cómo fue recompensado por él. El hecho de ser Cristo revela su relación con la iglesia.

Resumiendo, pues, cuando el Hijo dejó la gloria no tenía la intención de regresar en base a sus atributos divinos; al contrario, deseaba ser exaltado como hombre. De este modo, Dios ratificó su principio de obediencia. ¡Cuán necesario es que seamos completamente obedientes, sin el más mínimo rastro de rebelión! El Hijo volvió al cielo como hombre y fue exaltado por Dios después de ser obediente como hombre. Encaremos este gran misterio de la Biblia. Al despedirse de la gloria y vestirse de carne humana, el Señor resolvió no volver en virtud de sus atributos divinos. Y porque nunca mostró ni la más leve señal de desobediencia, Dios lo exaltó por razón de su humanidad. Cuando vino, el Señor desechó su gloria; pero cuando regresó, no sólo recobró esa gloria sino que recibió más gloria.

Haya también en nosotros este sentir que hubo en Cristo Jesús. Andemos todos en el camino del Señor y lleguemos a la obediencia haciendo de este principio de obediencia nuestro propio principio. Sometámonos unos a otros. Una vez que hayamos comprendido este principio, no tendremos ningún problema en percibir que no hay ningún pecado más grave que la rebelión y que no hay nada que sea más importante que la obediencia. Tan sólo en el principio de la obediencia podemos servir a Dios; tan sólo en obedecer como Cristo lo hizo podemos reafirmar el principio de autoridad de Dios, pues la rebelión es el resultado del principio de Satanás.

Aprendiendo la obediencia por medio
del sufrimiento

Se dice en Hebreos 5:8 que Cristo «aprendió la obediencia por las cosas que padeció» (Versión Moderna). El sufrimiento hizo obedecer al Señor. Notemos aquí que él no trajo la obediencia a esta tierra; él la aprendió, y lo hizo por medio del sufrimiento.

Es cuando pasamos por el sufrimiento que aprendemos la obediencia. Tal obediencia es real. Nuestra utilidad no está determinada por el hecho de si hemos sufrido o no, sino por el de cuánto hemos aprendido a obedecer por medio de ese sufrimiento. Sólo los obedientes son útiles a Dios. Mientras no se ablande nuestro corazón, el sufrimiento no nos dejará. Nuestro camino consiste en muchos sufrimientos; los indolentes y los amantes de los placeres son inútiles delante de Dios. Aprendamos, pues, a obedecer en el sufrimiento.

La salvación hace que la gente sea obediente y tenga gozo. Si tan sólo buscamos el gozo, nuestras posesiones espirituales no serán muy ricas; pero los que sean obedientes experimentarán la abundancia de la salvación. No cambiemos la naturaleza de la salvación. Obedezcamos, porque nuestro Señor Jesús, habiendo sido perfeccionado por medio de la obediencia, vino a ser la fuente de nuestra eterna salvación. Dios nos salva para que obedezcamos su voluntad. Si hemos tenido un encuentro con la autoridad de Dios, descubriremos que la obediencia es fácil y que la voluntad de Dios es sencilla; porque el Señor mismo fue obediente y nos ha dado a nosotros esta vida de obediencia.

CAPÍTULO 6

Cómo establece Dios su reino

Y aunque era Hijo, por lo que padeció aprendió la obedien-cia; y habiendo sido perfeccionado, vino a ser el autor de eterna salvación para todos los que le obedecen (Hebreos 5:8-9).

Y nosotros somos testigos suyos de estas cosas, y también el Espíritu Santo, el cual ha dado Dios a los que le obedecen (Hechos 5:32).

Mas no todos obedecieron al evangelio; pues Isaías dice: Se-ñor, ¿quién ha creído a nuestro anuncio? (Romanos 10:16).

. . . para dar retribución a los que no conocieron a Dios, ni «obedecen» al evangelio de nuestro Señor Jesucristo (2 Tesalo-nicenses 1:8).

Habiendo purificado vuestras almas por la obediencia a la verdad, mediante el Espíritu, para el amor fraternal no fingido, amaos unos a otros entrañablemente, de corazón puro (1 Pedro 1:22).

EL SEÑOR APRENDIÓ LA OBEDIENCIA POR MEDIO DEL SU-FRIMIENTO

Así como Dios aseguró el principio de obediencia mediante la vida de nuestro Señor, así también estableció su autoridad por medio del Señor. Veamos ahora cómo Dios establece hoy su reino en base a esa autoridad. El Señor vino a este mundo con las manos vacías; no trajo consigo la obediencia. La aprendió por lo que padeció, viniendo a ser así la fuente de eterna salvación para todos los que le obedecen. Pasando por muchos sufrimientos, aprendió a ser obediente hasta la muerte, y muerte de cruz. Cuando el Señor salió de la Deidad para hacerse hombre, se hizo verdaderamente hombre; débil y familiarizado con el sufrimiento. Cada sufrimiento que soportó maduró en fruto de obediencia. Ninguna clase de sufrimiento pudo hacerlo murmurar o enojarse.

¡Qué diferente de esto son tantos cristianos que no aprenden la obediencia, incluso después de muchos años! Aunque aumenten sus sufrimientos, su obediencia no aumenta. Cuando llegan los sufrimientos, frecuentemente murmuran angustiados, indicando asimismo que aún no han aprendido a obedecer. Pero cuando nuestro Señor pasó por toda clase de sufrimientos, mostró de continuo el espíritu de obediencia, y así vino a ser la fuente de nuestra eterna salvación. Por la obediencia de un hombre, muchos recibieron la gracia. La obediencia de nuestro Señor es para beneficio del reino de Dios. El propósito de la redención es promover este reino.

Dios establecerá su reino

¿Hemos notado cuán grandemente ha afectado al universo la caída de los ángeles y del hombre y qué tremendo problema le ha creado a Dios? Fue el propósito de Dios que los seres que había creado aceptaran su autoridad; sin embargo, ambas clases de criaturas la rechazaron. Dios no podría establecer su autoridad en las criaturas; aun así, no renunciaría a ella. El podría retirar su presencia; pero jamás renunciará a la autoridad que inició. Donde está su autoridad, allí está su legítimo lugar. Por eso es que Dios por una parte afirmará su autoridad y por la otra establecerá su reino. Aunque Satanás viola continuamente la autoridad de Dios y los hombres se rebelan diariamente contra él, Dios no permitirá que tal rebelión continúe para siempre; él establecerá su reino. ¿Por qué llama la Biblia reino de los cielos al reino de Dios? Porque la rebelión no se limitó solamente a esta tierra sino que además alcanzó a los cielos, donde se rebelaron los ángeles

¿Cómo, pues, establece el Señor el reino de Dios? Lo hace por su obediencia. Jamás desobedeció a Dios ni una sola vez; ni una sola vez resistió la autoridad de Dios mientras estuvo en la tierra. Al obedecer perfectamente y permitir que la autoridad de Dios rigiera en forma absoluta, el Señor estableció el reino de Dios en la esfera de su propia obediencia. Pues bien, tal como nuestro Señor lo ha hecho, así también debe hoy obedecer la iglesia a fin de que prospere la autoridad de Dios y se manifieste su reino.

DIOS ORDENA QUE LA IGLESIA SEA LA VANGUARDIA DE SU REINO

Después de la caída de Adán, Dios escogió a Noé y su familia. Pero después del diluvio, también cayeron ellos. Así que Dios llamó a Abraham para que fuera padre de multitud de naciones, siendo su intención establecer su reino por medio de Abraham. A Abraham lo sucedió Isaac y posteriormente Jacob. Los descendientes de Jacob se multiplicaron grandemente bajo la opresión egipcia, por lo cual Dios envió a Moisés a sacarlos de Egipto para que fundaran una nueva nación. Pero a raíz de que había desobedientes entre ellos, Dios llevó a los israelitas por el desierto a fin de enseñarles la obediencia. Sin embargo, ellos persistieron en su rebelión contra Dios, con el resultado de que toda aquella generación pereció en el desierto.

Aun cuando la segunda generación logró entrar en Canaán, todavía se negaron a escuchar la Palabra de Dios con corazón perfecto; por esto no pudieron arrojar completamente de la tierra a los cananeos. Saúl fue el primer rey; pero por causa de su rebelión no se pudo establecer el reino. No fue hasta que Dios escogió a David que halló en él al rey conforme a su corazón, pues David obedeció plenamente a la autoridad de Dios. Aun así todavía quedaron rastros de rebelión en la nación. Dios había señalado a Jerusalén como el lugar donde pondría su nombre; pero el pueblo seguía sacrificando en el lugar alto de Gabaón. Eran tardos para obedecer. Tenían rey; pero carecían de la naturaleza espiritual de un reino. Antes del tiempo de David, había un reino sin rey propiamente dicho. En el tiempo de David existían el rey y el reino; pero todavía faltaba la naturaleza espiritual del último. No obstante, el reino de Dios tendría que establecerse verdaderamente.

El Señor vino a este mundo a fundar el reino de Dios. Su evangelio es de doble naturaleza: una personal y otra corporativa. En cuanto a la naturaleza personal, el evangelio llama a los hombres a recibir vida eterna por medio de la fe; con respecto a la naturaleza corporativa, invita a los hombres a ingresar en el reino de Dios por medio del arrepentimiento.

Los ojos de Dios están sobre el reino: la llamada oración del Señor, por ejemplo, comienza y termina con el reino. Empieza con las palabras: «Venga tu reino. Hágase tu voluntad, como en el cielo, así también en la tierra.» El reino de Dios es ese reino en el cual se hace la voluntad de Dios sin ninguna interferencia. La oración termina con la siguiente declaración: «Tuyo es el reino, y el poder, y la gloria, por todos los siglos. Amén» (Mateo 6:13). El reino, el poder y la gloria están correlacionados. «Ahora ha venido la salvación, el poder, y el reino de nuestro Dios, y la autoridad de su Cristo» proclama Apocalipsis 12:10. Por eso es que el reino es la esfera de la autoridad. «Porque he aquí el reino de Dios está entre vosotros» dice el Señor (Lucas 17:21). Dice «entre vosotros», no «dentro de vosotros». El Señor mismo es, en realidad, el reino de Dios.

Cuando el Señor Jesús está entre nosotros es el reino de Dios el que está entre nosotros. Por eso es que la autoridad de Dios se realiza plenamente en la vida del Señor. Ahora bien, así como el reino de Dios está en el Señor, así también tiene que hallarse en la iglesia, porque la vida del Señor es liberada en la iglesia y, por lo tanto, el reino de Dios se extiende también a la iglesia. Comenzando con Noé, Dios se las ingenió para tener un reino; pero un reino terrenal y no el reino de Dios. Este comienza en realidad con el Señor Jesús. ¡Qué pequeña era al comienzo su esfera de acción! Hoy, sin embargo, este grano de trigo ha llevado mucho fruto. Su esfera de acción se extiende no solamente al Señor sino también a muchos santos.

El propósito de Dios es que seamos su reino y su iglesia, dado que la iglesia fue ordenada para ser la esfera donde se ejerza la autoridad de Dios. El desea tener su legítimo lugar en más que unos cuantos individuos; él desea que toda la iglesia le dé la preeminencia absoluta a fin de que prevalezca su autoridad y no haya rebelión. Así que Dios está resuelto a establecer su autoridad entre sus criaturas. El quiere que obedezcamos, no solamente a la autoridad directa que él mismo ejerce, sino también a las autoridades delegadas que instituye. Lo que Dios espera es la obediencia completa, no una obediencia parcial.

EL EVANGELIO NO SÓLO LLAMA A LA GENTE A CREER SINO TAMBIÉN A OBEDECER

La Biblia menciona la obediencia así como la fe, porque no somos solamente pecadores sino también hijos de desobediencia. Lo que Romanos 10:16 quiere decir con las palabras «creído a nuestro anuncio» cuando cita Isaías 53:1 es «obedecido al evangelio». La naturaleza de creer en el evangelio consiste en obedecerlo: «. . . para dar retribución a los que no conocieron a Dios, ni obedecen al evangelio de nuestro Señor Jesucristo» (2 Tesalonicenses 1:8). Los que no obedecen son los rebeldes: «. . . ira y enojo a los que son contenciosos y no obedecen a la verdad» (Romanos 2:8). Los desobedientes son los rebeldes. «Habiendo purificado vuestras almas por la obediencia a la verdad» (1 Pedro 1:22). Esto indica claramente que la purificación es por la obediencia a la verdad. La fe es obediencia.

Sería mejor que a los creyentes se les llamara «obedecedores», porque deben estar sujetos a la autoridad del Señor así como creer en él. Luego de ser iluminado por el Señor, Pablo preguntó: «¿Qué haré, Señor?» (Hechos 22:10). No sólo creyó sino que, además, se sometió al Señor. Su arrepentimiento fue producido tanto por comprender la gracia como por obedecer a la autoridad. Cuando el Espíritu Santo lo indujo a ver la autoridad del evangelio, se dirigió a Jesús como Señor.

Dios nos llama no sólo a recibir su vida por la fe sino también a mantener su autoridad por la obediencia. A los que somos de la iglesia nos aconseja que obedezcamos a las autoridades que él ha establecido —en el hogar, la escuela, la sociedad y la iglesia— así como que obedezcamos a su autoridad directa. No es necesario señalar específicamente a qué persona debemos obedecer. Simplemente significa que cada vez que, directa o indirectamente, nos encontramos con la autoridad de Dios, debemos aprender a obedecer.

Muchos hay que sólo pueden escuchar y obedecer a cierta persona. Esto demuestra que no han aprendido lo que es la autoridad. Es inútil obedecer al hombre; es a la autoridad que debemos obedecer. A quienes conocen la autoridad, hasta una leve desobediencia los hará sentir que han sido rebeldes. Pero los que no han comprendido lo que es la autoridad no tienen idea de lo rebeldes que son. Antes de recibir la luz, Pablo daba coces contra el aguijón sin darse cuenta de lo que hacía. Pero después de recibir la luz, lo primero que sucede es que los ojos de Pablo son abiertos para ver la autoridad, y esta visión sigue acrecentándose de allí en adelante. Aunque Pablo sólo conoció a un hermanito llamado Ananías, nunca preguntó qué clase de hombre era —si ilustrado o ignorante—, porque no miraba al hombre. Pablo reconoció que Ananías había sido enviado por Dios y, por lo tanto, se sometió a esa autoridad delegada. ¡Qué fácil es obedecer después que uno ha aprendido lo que es la autoridad!

MEDIANTE LA IGLESIA LAS NACIONES VENDRÁN A SER EL REINO DE DIOS

Si la iglesia rehúsa aceptar la autoridad de Dios, él no tiene ninguna forma de establecer su reino. La forma en que Dios obtiene su reino se halla primero en el Señor Jesús, luego en la iglesia y, por último, en el mundo entero. Un día saldrá una proclama anunciando que «los reinos del mundo han venido a ser de nuestro Señor y de su Cristo» (Apocalipsis 11:15). La iglesia ocupa el lugar que hay entre el reino que se halla en la persona del Señor Jesús y la otra extensión de ese reino que se hallará cuando los reinos del mundo vengan a ser del Señor y de su Cristo. El reino debe hallarse en el Señor Jesús antes de que se lo pueda establecer en la iglesia; tiene que ser implantado en la iglesia antes de que se lo pueda afianzar entre las naciones. No puede haber iglesia sin el Señor Jesús ni puede haber otra extensión del reino de Dios sin la iglesia.

Mientras estuvo en la tierra, el Señor obedeció hasta en asuntos de muy poca importancia. Por ejemplo, pagó el impuesto del templo. Careciendo de dinero, consiguió el siclo de la boca de un pez. Asimismo, cuando en otra ocasión le preguntaron sobre el pago de los impuestos civiles, declaró: «Dad... a César lo que es de César, y a Dios lo que es de Dios» (Mateo 22:21). Aunque el César era una persona rebelde, había sido establecido por Dios; por consiguiente, se le debía obedecer. Cuando hayamos obedecido en todo sentido, nuestro Señor se levantará y tratará con los que desobedecen.

Por nuestra obediencia, el reino se extenderá a toda la tierra. Sin embargo, hay muchos hoy que son sensibles al pecado pero no a la rebelión. Los hombres debieran tener un sentido para percibir la autoridad así como un sentido para percibir el pecado. El ser deficiente en sentir el pecado lo priva a uno de vivir como cristiano; pero el ser deficiente en percibir la autoridad lo descalifica a uno como persona obediente.

LA IGLESIA DEBE OBEDECER A LA AUTORIDAD DE DIOS

Es preciso que en la iglesia sepamos obedecer. No hay autoridad en la iglesia que no requiera la obediencia. Dios se ha propuesto hacer que su autoridad se manifieste plenamente en la iglesia y que su reino se extienda por medio de ella. Cuando la iglesia haya obedecido en todo sentido, la tierra entera será puesta bajo la autoridad de Dios. Si la iglesia no deja que la autoridad de Dios prevalezca en ella, impedirá que el reino de Dios cubra toda la tierra. La iglesia es, por lo tanto, el camino al reino; pero igualmente puede ser la frustración del reino.

¿Cómo podrá manifestarse el reino de Dios si no podemos sometemos a una pequeña contrariedad en la iglesia? ¿Cómo podrá prevalecer si siempre estamos discutiendo entre nosotros? Hemos retrasado grandemente el tiempo de Dios. Toda rebelión debe ser erradicada para que no sea obstaculizado el camino de Dios. Una vez que la iglesia haya obedecido verdaderamente, todas las naciones harán lo mismo. La responsabilidad de la iglesia es inmensa. Cuando la voluntad y el mandamiento de Dios se abran paso libremente en la iglesia, entonces sí que vendrá el reino de Dios.

CAPÍTULO 7

Los hombres deben obedecer a la autoridad delegada

LAS AUTORIDADES SON INSTITUIDAS POR DIOS

1. EN EL MUNDO

Sométase toda persona a las autoridades superiores; porque no hay autoridad sino de parte de Dios (Romanos 13:1).

Por causa del Señor someteos a toda institución humana, ya sea al rey, como a superior, ya a los gobernadores, como por él enviados para castigo de los malhechores y alabanza de los que hacen bien (l Pedro 2:13-14).

Dios es el origen de todas las autoridades del universo. Pues ya que todas las autoridades gobernantes son instituidas por Dios, todas ellas son comisionadas por él y representan su autoridad. Dios mismo estableció este sistema de autoridades con objeto de manifestarse. Cada vez que la gente se encuentra con la autoridad, se encuentra con Dios. Es posible que los hombres lleguen a conocer a Dios por medio de su presencia, pero hasta sin su presencia pueden conocerlo todavía por medio de su autoridad.

En el huerto de Edén los hombres conocieron a Dios por medio de su presencia o, durante su ausencia, por recordar su mandamiento. Hoy, sin embargo, son raras las veces que los hombres se encuentren directamente con Dios en este mundo. (Esto, desde luego, no se aplica a los que en la iglesia viven constantemente en el Espíritu, pues ellos ven frecuentemente el rostro de Dios.) Donde más se manifiesta Dios en la actualidad es en sus mandamientos. Solamente los necios, como los necios labradores de la parábola de Marcos 12:1-9, tienen que tener la presencia personal del Propietario de la viña para obedecer, pues en el relato ¿no son los siervos y su hijo enviados delante de él como representantes suyos?

Los que han sido establecidos por Dios deben ejercer la autoridad como representantes suyos. Y puesto que todas las autoridades gobernantes han sido ordenadas e instituidas por Dios, son para que se les obedezca. Si de veras quisiéramos aprender a obedecer a Dios, no tendríamos ninguna dificultad en reconocer sobre quién gravita la autoridad de Dios. Pero si sólo conocemos la autoridad directa de Dios, puede que cometamos desacato contra la mayor parte de su autoridad. ¿En cuántas vidas podemos identificar la autoridad de Dios? ¿Hay lugar para que escojamos entre la autoridad directa de Dios y su autoridad delegada? No; debemos someternos a la autoridad delegada de Dios así como a su autoridad directa, porque «no hay autoridad sino de parte de Dios».

En cuanto a las autoridades terrenales, Pablo no sólo nos exhorta, en lo positivo, a la sumisión sino que también nos advierte, en lo negativo, contra la resistencia. Quien resiste a las autoridades resiste el mismo mandamiento de Dios; quien rechaza a las autoridades delegadas de Dios rechaza la misma autoridad de Dios. La autoridad, según la Biblia, se caracteriza por la singularidad de su naturaleza: no hay autoridad sino de parte de Dios. El que resiste a la autoridad resiste a Dios, y los que resistan incurrirán en juicio. No hay ninguna posibilidad de rebelión sin juicio. La consecuencia de resistir a la autoridad es la muerte. Así pues, el hombre no tiene alternativa en la cuestión de la autoridad.

Durante el tiempo de Adán, Dios les dio a los hombres dominio sobre toda la tierra. Lo que tenían que gobernar, sin embargo, era a las criaturas vivientes. Después del diluvio, Dios le dio a Noé la potestad de gobernar al prójimo del hombre, declarando que «el que derramare sangre del hombre, por el hombre su sangre será derramada» (Génesis 9:6). De allí en adelante, se confirió a los hombres la autoridad de gobernar al hombre. Desde entonces, siempre ha habido gobierno humano bajo cuya autoridad han sido puestos los hombres.

Después de sacar a su pueblo de Egipto y llevarlo al desierto, Dios le dio los Diez Mandamientos y muchas ordenanzas. Entre éstas había una que decía: «No injuriarás a Dios, ni maldecirás al príncipe de tu pueblo» (Éxodo 22:28, Versión Moderna). Esto demuestra que Dios los había puesto bajo gobernantes. Aun en los tiempos de Moisés, los israelitas que resistían a la autoridad estaban resistiendo a Dios en realidad.

Aunque los gobernantes de las naciones no creían en Dios y sus países estaban bajo el dominio de Satanás, el principio de autoridad permaneció inalterado. Así como Israel era el reino de Dios y el rey David fue escogido por él, así también se nos dice que el emperador persa fue establecido por Dios.

Cuando nuestro Señor estaba en la tierra se sometió a las autoridades gobernantes así como a la autoridad del sumo sacerdote. El pagó impuestos y enseñó a los hombres a dar «a César lo que es de César» (Mateo 22:21). Durante el interrogatorio, cuando el sumo sacerdote lo conjuró por el Dios viviente para que dijera si él era el Cristo, el Hijo de Dios, el Señor obedeció de inmediato (Mateo 26:63-64), reconociendo así en todos estos ejemplos que ellos eran las autoridades de la tierra.

Nuestro Señor nunca participó en ninguna rebelión.

Pablo nos enseña en Romanos 13 que todos los que están en autoridad son siervos de Dios. Debemos someternos a la autoridad local bajo cuyo gobierno vivimos así como a la autoridad de nuestra propia nación y raza. No debemos desobedecer a la autoridad local simplemente porque puede ser de diferente nacionalidad. La ley no es para infundir temor al que hace lo bueno, sino al que hace lo malo. No obstante ser diferentes las leyes de cada nación, todas ellas se derivan de la ley de Dios; el principio básico de todas las leyes de Dios es castigar lo malo y recompensar lo bueno. Todas las autoridades tienen sus propias leyes. Su función consiste en mantener y ejecutar estas leyes con el fin de aprobar lo bueno y corregir lo malo. No en vano llevan la espada. A pesar del hecho de que algunas autoridades exaltan lo malo y reprimen lo bueno, tienen que recurrir a la aberración de llamar malo a lo bueno y bueno a lo malo. No se atreven a presentarse públicamente a declarar que al malo se le exalta por su maldad mientras que al bueno se le castiga por su bondad.

Hasta el presente, todas las autoridades siguen aún —al menos en principio— la regla de recompensar lo bueno y castigar lo malo. Este principio no ha cambiado; por consiguiente, la ley de Dios sigue en vigor. Llegará el día en que el hombre sin ley, que es el anticristo, estará en el poder; él deformará entonces todo el sistema legal y abiertamente calificará lo bueno como malo y viceversa. Entonces matarán a los buenos y exaltarán a los malos.

Los símbolos de la sujeción a las autoridades terrenales son cuatro, a saber: tributos, al que se le deben tributos; impuestos, al que impuestos; respeto, al que respeto, honra, al que honra.

El cristiano obedece la ley no sólo para evitar la ira de Dios sino también por causa de la conciencia. Su conciencia lo reprueba si es desobediente. Por eso debemos aprender a someternos a las autoridades locales. Los hijos de Dios no deben criticar o censurar desconsideradamente al gobierno. Hasta la policía que vemos en la calle ha sido instituida por Dios, porque ha sido comisionada para una tarea específica. Cuando nos visitan los recaudadores de contribuciones o inspectores de impuestos internos, ¿cuál es nuestra actitud hacia ellos? ¿Les escuchamos como a autoridades delegadas de Dios? ¿Nos sometemos a ellos?

¡Qué difícil es obedecer si no vemos la autoridad de Dios! Cuanto más tratamos de obedecer tanto más difícil se hace.

«Y mayormente a aquellos que, siguiendo la carne, andan en concupiscencia e inmundicia, y desprecian el señorío. Atrevidos y contumaces, no temen decir mal de las potestades superiores» (2 Pedro 2:10). ¡Cuántos pierden su poder y su vida por la murmuración! No debieran los hombres caer en un estado de anarquía. No tenemos por qué preocuparnos demasiado en cuanto a cómo tratará Dios con lo que se hace injustamente, aunque debiéramos orar por la disciplina de Dios en razón de la justicia. En todo caso, la insubordinación o desacato a la autoridad es rebelión para con Dios. Si somos insubordinados o rebeldes, seremos una ayuda al principio del anticristo. Preguntémonos: Cuando esté en acción el misterio de la iniquidad, ¿seremos un impedimento o una ayuda?

2. EN LA FAMILIA

Las casadas estén sujetas a sus propios maridos, como al Señor; porque el marido es cabeza de la mujer, así como Cristo es cabeza de la iglesia... Así que, como la iglesia está sujeta a Cristo, así también las casadas lo estén a sus maridos en todo (Efesios 5:22-24).

Hijos, obedeced en el Señor a vuestros padres, porque esto es justo. Honra a tu padre y a tu madre, que es el primer mandamiento con promesa; para que te vaya bien, y seas de larga vida sobre la tierra (Efesios 6:1-3).

Casadas, estad sujetas a vuestros maridos, como conviene en el Señor... Hijos, obedeced a vuestros padres en todo, porque esto agrada al Señor. . . Siervos, obedeced en todo a vuestros amos terrenales, no sirviendo al ojo, como los que quieren agradar a los hombres, sino con corazón sincero, temiendo a Dios (Colosenses 3:18,20,22).

Dios ha establecido su autoridad en el hogar; pero muchos de sus hijos no prestan suficiente atención a esta esfera de la familia. Pero las epístolas —como Efesios y Colosenses, que son consideradas las más espirituales— no pasan por alto este asunto. Ellas mencionan específicamente la sumisión en el hogar, y sin ésta habrá dificultades en el servicio de Dios. Las cartas de la. a Timoteo y a Tito tratan del tema de la obra, pero también tratan de los problemas de la familia como algo que podría afectar la obra. La primera carta de Pedro trata principalmente del reino; pero él también considera como rebelión contra el reino la rebelión contra la autoridad familiar. Una vez que los miembros de una familia vean la autoridad desaparecerán muchas dificultades en el hogar.

Dios ha puesto al marido por autoridad delegada de Cristo, con la mujer como representante de la iglesia. Sería difícil que la mujer se sometiera a su marido si no viera en él la autoridad delegada que Dios le ha conferido. Ella tiene que entender que el verdadero problema es la autoridad de Dios, no la de su marido. *«Que enseñen a las mujeres jóvenes a amar a sus maridos y a sus hijos, a ser prudentes, castas, cuidadosas de su casa, buenas, sujetas a sus maridos, para que la palabra de Dios no sea blasfemada»* (Tito 2:4-5). *«Asimismo vosotras, mujeres, estad sujetas a vuestros maridos; para que también los que no creen a la palabra, sean ganados sin palabra por la conducta de sus esposas»* (l Pedro 3:1). *«Porque así también se ataviaban en otro tiempo aquellas santas mujeres que esperaban en Dios, estando sujetas a sus maridos; como Sara obedecía a Abraham, llamándole SEÑOR»* (l Pedro 3:5-6).

«Hijos, obedeced en el Señor a vuestros padres» (Efesios 6:1), porque Dios ha establecido a los padres por autoridad. *«Honra a tu padre y a tu madre... para que te vaya bien, y seas de larga vida sobre la tierra»* (Efesios 6:2-3). De los Diez Mandamientos, éste es el primero que tiene una promesa especial. Puede que algunos mueran jóvenes porque les falta pagar la honra filial mientras que también puede ser que otros sean sanados una vez que se normaliza su relación con sus padres. *«Hijos, obedeced a vuestros padres en todo, porque esto agrada al Señor»* (Colosenses 3:20). Para estar sujetos a los padres es necesario que veamos la autoridad de Dios.

Siervos, obedeced a vuestros amos terrenales con temor y temblor, con sencillez de vuestro corazón, como a Cristo; no sirviendo al ojo, como los que quieren agradar a los hombres, sino como siervos de Cristo, de corazón haciendo la voluntad de Dios; sirviendo de buena voluntad, como al Señor y no a los hombres (Efesios 6:5-7).

Todos los que están bajo el yugo de esclavitud, tengan a sus amos por dignos de todo honor, para que no sea blasfemado el nombre de Dios y la doctrina (1 Timoteo 6:1).

Exhorta a los siervos a que se sujeten a sus amos, que agraden en todo, que no sean respondones, no defraudando, sino mostrándose fieles en todo, para que en todo adornen la doctrina de Dios nuestro Salvador (Tito 2:9-10).

Si honramos la autoridad del Señor en nuestras vidas, habrá otros que respetarán la autoridad del Señor en nosotros. Cuando Pedro y Pablo dijeron estas palabras, la esclavitud no podía ser peor en el imperio romano. Si la esclavitud es justa o injusta, no es problema que consideraremos ahora; pero sí necesitamos entender que Dios ordenó que los siervos obedezcan a sus amos.

3. EN LA IGLESIA

Os rogamos, hermanos, que reconozcáis a los que trabajan entre vosotros, y os presiden en el Señor, y os amonestan, y que los tengáis en mucha estima y amor por causa de su obra. Tened paz entre vosotros (la. a los Tesalonicenses 5:12-13).

Los ancianos que gobiernen bien, sean tenidos por dignos de doble honor, mayormente los que trabajan en predicar y enseñar (la. a Timoteo 5:17).

Hermanos, ya sabéis que la familia de Estéfanas es las primicias de Acaya, y que ellos se han dedicado al servicio de los santos. Os ruego que os sujetéis a personas como ellos, y a todos los que ayudan y trabajan (la. a los Corintios 16:15-16).

Dios pone en la iglesia autoridades tales como «los ancianos que gobiernen bien» y «los que trabajan en predicar y enseñar». Ellos son las personas a quienes todos deben obedecer. Los más jóvenes deben aprender a sujetarse a los de más edad. El apóstol Pablo exhortó a los creyentes corintios a honrar especialmente a hombres como Estéfanas, cuya familia eran los primeros conversos de Acaya y quien estaba dispuesto a servir a los santos con gran humildad.

En la iglesia, las mujeres deben aprender a estar sujetas a los hombres. «*Pero quiero que sepáis que Cristo es la cabeza de todo varón, y el varón es la cabeza de la mujer, y Dios la cabeza de Cristo*» (la. a los Corintios 11:3). Dios ha dispuesto que los hombres representen a Cristo como autoridad y que las mujeres representen a la iglesia en sujeción. Por lo consiguiente, las mujeres deben tener un velo (en griego autoridad) sobre su cabeza por causa de los ángeles (la. a los Corintios 11:10) y deben, además, estar sujetas a sus maridos.

«*Como en todas las iglesias de los santos, vuestras mujeres callen en las congregaciones; porque no les es permitido ha-*

blar, sino que estén sujetas, como también la ley lo dice. Y si quieren aprender algo, pregunten en casa a sus maridos» (1a. a los Corintios 14:33-35). Hay hermanas que preguntan: «¿Y si nuestros maridos no pueden contestar nuestras preguntas?» Pues, Dios les dice que pregunten; así que háganlo. Al cabo de un tiempo sus maridos podrán contestarles, puesto que al preguntarles repetidas veces se verán obligados a procurar obtener los conocimientos necesarios. Y así ustedes ayudarán a sus maridos como también se ayudarán a sí mismas. «*La mujer aprenda en silencio, con toda sujeción. Porque no permito a la mujer enseñar, ni ejercer dominio sobre el hombre, sino estar en silencio. Porque Adán fue formado primero, después Eva*» (1 Timoteo 2:11-13).

«*Y todos, sumisos unos a otros, revestíos de humildad*» (1 Pedro 5:5). Es muy vergonzoso que uno haga conscientemente ostentación de su posición y autoridad.

Dios también ha instituido autoridades en el mundo espiritual. «*Y mayormente a aquellos que, siguiendo la carne, andan en concupiscencia e inmundicia, y desprecian el señorío. Atrevidos y contumaces, no temen decir mal de las potestades superiores, mientras que los ángeles, que son mayores en fuerza y en potencia, no pronuncian juicio de maldición contra ellas delante del Señor*» (2 Pedro 2:10-11). Aquí se nos refiere un hecho muy significativo: que hay autoridades, y gloriosas, en el mundo espiritual, bajo las cuales han sido puestos los ángeles. Aunque algunas de ellas cayeron, los ángeles no se atreven a injuriarlas, porque en otro tiempo fueron superiores. Después de su caída, aunque uno pueda referir el hecho de ella, no puede añadir su juicio, porque el hecho más el juicio equivale a injuriar.

«*Pero cuando el arcángel Miguel contendía con el diablo, disputando con él por el cuerpo de Moisés, no se atrevió a proferir*

*juicio de maldición contra él, sino que dijo: El Señor te repren-
da»* (Judas 9). ¿Por qué? Porque hubo un tiempo cuando Dios
hizo a Lucifer jefe de los arcángeles, y Miguel, siendo uno de
los arcángeles, estaba bajo su autoridad. Posteriormente Miguel, en obediencia a Dios, buscó el cuerpo de Moisés, porque
un día Moisés iba a ser levantado de los muertos (posiblemente
en el monte de la transfiguración). Cuando Miguel fue obstaculizado por Satanás, pudo, con espíritu rebelde, haber tratado
con ese rebelde, abriendo su boca e injuriándolo. Pero no se
atrevió a hacerlo. Todo lo que dijo fue: «El Señor te reprenda.»
(Con los hombres es otra historia, puesto que Dios nunca puso
a éstos bajo la autoridad de Satanás. Aunque en otro tiempo
caímos bajo su dominio, jamás estuvimos bajo su autoridad.)

Basado en el mismo principio, David se sometió durante un
tiempo a la autoridad delegada de Saúl. Posteriormente, sin
embargo, no se atrevió a subvertir la decadente autoridad de
Saúl. ¡Qué digna es la autoridad delegada en el reino espiritual!
No se la debe despreciar, porque toda injuria contra ella dará
por resultado la pérdida del poder espiritual.

Si tan sólo una vez en la vida tenemos un encuentro con
la autoridad, entonces podremos ver la autoridad de Dios por
todas partes. Adonde vayamos, la primera pregunta será: ¿A
quién debemos obedecer? ¿A quién debemos hacer caso? El
creyente debería tener dos sentidos: el del pecado y el de la
autoridad.

Aun cuando dos hermanos se consulten entre sí, y cada uno
exprese su opinión, solamente uno tomará la decisión final.

En los Hechos de los Apóstoles capítulo 15 se nos refiere que
hubo un concilio. Los jóvenes así como también los ancianos
podían ponerse de pie y hablar. Todos los hermanos podían
expresar su opinión. Pero después que Pedro y Pablo termina-
ron de hablar, Jacobo se puso de pie para anunciar la decisión a

que habían llegado. Pedro y Pablo sólo refirieron hechos; pero Jacobo dio el veredicto. Aun entre los ancianos y apóstoles había un orden establecido. «Porque yo soy el más pequeño de los apóstoles», dice Pablo (1 Corintios 15:9). Algunos apóstoles eran mayores; otros, menores. Este orden no ha sido dispuesto por el hombre; sin embargo, cada uno necesita saber dónde está o cuál es el lugar que le corresponde.

¡Qué magnífico testimonio y hermoso cuadro es éste! Esto es lo que teme Satanás, porque finalmente producirá la caída de su reino. Porque después que todos estemos obedeciendo vendrá Dios a juzgar al mundo.

SOMETÁMONOS SIN TEMOR A LA AUTORIDAD DELEGADA

¡Qué riesgos ha corrido Dios al instituir autoridades! ¡Qué pérdida sufrirá si las autoridades delegadas que instituye lo representan mal! Con todo, Dios, impertérrito, ha establecido a estas autoridades. Es mucho más fácil que nosotros obedezcamos sin temor a las autoridades que no que Dios las instituya. ¿No podemos entonces obedecerles sin temor ya que Dios mismo no ha tenido temor de confiar la autoridad a los hombres? Así como Dios ha establecido a las autoridades, así también obedezcámosles valientemente. Si algo sale mal, la falta no estará en nosotros sino en las autoridades, porque el Señor declara: *«Sométase toda persona a las autoridades superiores»* (Romanos 13:1).

«Cualquiera que reciba a este niño en mi nombre, a mí me recibe» (Lucas 9.48). Que nuestro Señor represente al Padre no es ningún problema. El Padre tiene confianza en el Señor, y nos invita a que también confiemos en él así como confiamos en el Padre. Pero a los ojos del Señor estos niños también lo representan. El tiene fe en estos niños y nos exhorta a que los recibamos como lo recibimos a él.

Cuando el Señor envió a sus discípulos, les dijo: *«El que a vosotros oye, a mí me oye y el que a vosotros desecha, a mí me desecha»* (Lucas 10:16). Cualquier cosa que estos discípulos dijeran o decidieran era considerado como algo que representaba al Señor. ¡Qué falta de temor demostró el Señor al delegarles su autoridad! El confirmó cada palabra que hablaron en su nombre. Así que los que los desechaban, lo desechaban a él. El Señor no previno a sus discípulos que no hablaran descuidadamente. No tenía absolutamente ningún temor de que obraran mal. Al contrario, demostraba fe e intrepidez al confiarles su autoridad.

Los judíos, sin embargo, fueron distintos. Dudaban y preguntaban: «¿Cómo puede ser esto? ¿Cómo podemos estar seguros de que es cierto lo que dices? Necesitamos tiempo para considerarlo.» No se atrevían a creer y tenían mucho miedo.

Supongamos que usted es el jefe de una institución. Al enviar un representante, usted le dice que reconocerá lo que él haga según su mejor criterio y que los que lo escuchen serán considerados como si le escucharan a usted. Sin duda, usted le exigirá que le informe diariamente para que no cometa algún error. Pero el Señor nos hace representantes plenipotenciarios.

¡Qué confianza nos tiene! ¿Podemos confiar menos cuando nuestro Señor muestra tal confianza en su autoridad delegada? Tal vez la gente argumente: «¿Y si la autoridad es injusta?»

La respuesta es: Si Dios se arriesga a confiarle su autoridad a los hombres, podemos entonces arriesgarnos a obedecer. Si el que ejerce la autoridad es justo o injusto, no nos importa, puesto que esa persona tiene que ser responsable directamente a Dios. Los obedientes sólo tienen que obedecer; el Señor no nos hará responsables por la obediencia equivocada, sino que al contrario hará responsable a la autoridad delegada por su acción errónea. La insubordinación, no obstante, es rebelión, y por ésta deben responder a Dios los que están bajo autoridad.

Es claro entonces que ningún elemento humano está involucrado en esta cuestión de la autoridad. Si solamente nos sometemos al hombre, se pierde todo el significado de la autoridad. Cuando Dios instituye su autoridad delegada está obligado por su honor a mantener esa autoridad. Cada uno de nosotros es responsable delante de Dios en este asunto. Tengamos cuidado de no cometer ningún error.

EL RECHAZO DE LA AUTORIDAD DELEGADA ES UNA OFENSA A DIOS

Toda la parábola registrada en Lucas 20:9-16 trata principalmente del tema de la autoridad delegada. Dios no vino a cobrar personalmente sus derechos después de arrendar la viña a los labradores. Tres veces envió a sus siervos y la cuarta vez envió a su Hijo. Todos éstos eran delegados suyos. El quería ver si sus inquilinos se sujetarían a sus autoridades delegadas. Pudo haber venido él mismo a cobrar el arriendo; pero en vez de eso envió delegados.

A los ojos de Dios, los que rechazan a sus siervos lo rechazan a él. Es imposible que prestemos atención a la Palabra de Dios y desoigamos la de sus siervos delegados. Si nos sometemos a la autoridad de Dios, debemos sometemos también a su autoridad delegada. Con excepción de Hechos 9:4-15 que ilustra la autoridad directa del Señor, el resto de la Biblia muestra la autoridad que él ha delegado en los hombres. Bien puede decirse que le ha dado casi toda su autoridad a los hombres. Con frecuencia éstos pueden creer que se están sometiendo simplemente a otros hombres; pero los que conocen la autoridad se dan cuenta de que estos otros hombres son autoridades delegadas de Dios. No se necesita humildad para ser obediente a la autoridad directa de Dios; pero sí se requiere humildad y quebrantamiento para sujetarse a la autoridad delegada. Salvo que uno deseche por completo la carne, no puede aceptar ni prestar atención a la autoridad delegada. Debemos entender que en vez de venir él mismo, Dios envía a sus delegados a cobrar sus derechos. ¿Cuál, pues, debe ser nuestra actitud hacia Dios? ¿Debemos esperar hasta que venga Dios mismo? ¡Recordemos que cuando él se manifieste vendrá a juzgar, no a cobrar!

El Señor le mostró a Pablo cómo había dado coces contra el aguijón cuando le oponía resistencia. Pero una vez que Pablo vio la luz y la autoridad, preguntó: «¿Qué haré, Señor?» Por este acto se puso bajo la autoridad directa del Señor. Sin embargo, el Señor lo transfirió inmediatamente a su autoridad delegada. «Levántate y entra en la ciudad, y se te dirá lo que debes hacer» (Hechos 9:6). De ahí en adelante Pablo reconoció la autoridad. No se consideró tan excepcional que escucharía solamente si el Señor mismo le decía lo que tenía que hacer. Durante su mismo primer encuentro el Señor puso a Pablo bajo su autoridad delegada. ¿Y qué sucede con nosotros? Desde que creímos en el Señor, ¿cuánto nos hemos sometido a la autoridad delegada? ¿A cuántas autoridades delegadas nos hemos sometido?

En tiempos pasados Dios pasó por alto nuestras transgresiones porque éramos ignorantes; pero ahora debemos considerar seriamente las autoridades delegadas de Dios. Lo que Dios destaca no es su propia autoridad directa sino las autoridades indirectas que él ha establecido. Ninguno que es rebelde a las autoridades indirectas de Dios se somete a su autoridad directa.

Con el fin de explicar mejor este asunto, hacemos una distinción entre autoridad directa y autoridad delegada, aunque para Dios no hay más que una autoridad. No despreciemos a las autoridades de la casa y de la iglesia; no desatendamos a ninguna de aquellas autoridades delegadas. Aunque Pablo estaba ciego, esperó a Ananías con los ojos internos abiertos de par en par. Ver a Ananías fue como ver al Señor; escucharlo, como escuchar al Señor.

La autoridad delegada es algo tan serio que si uno la ofende se enemista con Dios. Nadie puede esperar que el Señor le dé luz directamente si rehusa recibir luz de la autoridad delegada. Pablo no argumentó: «Ya que Cornelio invitó a Pedro, yo invitaré a Pedro o a Jacobo; no permitiré que este hermanito Ananías sea mi autoridad.» Es imposible que desechemos la autoridad delegada y sigamos todavía sujetos directamente a Dios; desechar a la autoridad delegada es lo mismo que desechar a Dios. Sólo un necio se complace en el fracaso de la autoridad delegada. Al que le disgusta el delegado de Dios, le disgusta también Dios. Es la naturaleza rebelde del hombre la que lo hace querer obedecer a la autoridad directa de Dios sin someterse a las autoridades delegadas que él ha establecido.

DIOS RESPETA A SU AUTORIDAD DELEGADA

El libro de Números capítulo 30 trata del voto o promesa de una mujer. Mientras estuviera en la casa de su padre durante su juventud, su voto o promesa sería obligatorio o válido tan sólo si su padre no decía nada en contra. Si era casada, su voto tenía que ser aprobado o desaprobado por su marido. La autoridad directa obraría sobre lo que había aceptado la autoridad delegada o anularía lo que ésta había invalidado.

Dios se complace en delegar su autoridad y también respeta a su delegado. Puesto que la mujer estaba bajo la autoridad de su marido, Dios prefería que ella obedeciera a la autoridad y no que mantuviera su voto. Pero si el marido erraba como autoridad delegada, Dios sin duda trataría con él, pues él la llevaría a la iniquidad a ella. A la mujer no se la consideraba responsable.

Es así como esta porción de las Escrituras nos dice que no podemos eludir a la autoridad delegada para someternos a la autoridad de Dios. Habiendo delegado su autoridad en los hombres, Dios mismo no invalidará a la autoridad delegada; más bien él está restringido por la autoridad que ha delegado. El confirma lo que ha confirmado la autoridad delegada y anula lo que ésta ha anulado. Dios siempre mantiene la autoridad que ha delegado. No tenemos, por lo tanto, más alternativa que someternos a las autoridades gobernantes.

Todo el Nuevo Testamento está de parte de la autoridad delegada. La única excepción se halla en Hechos 5:29, cuando Pedro y los demás apóstoles respondieron al consejo judío que les prohibió enseñar en el nombre del Señor Jesús. En esa ocasión Pedro contestó, diciendo: «Es necesario obedecer a Dios antes que a los hombres.» Esto se debió al hecho de que en este caso la autoridad delegada había violado claramente el mandamiento de Dios y, además, había pecado contra la Persona del Señor. Una respuesta como la de Pedro sólo puede darse en esta situación especial. En cualesquier otras circunstancias tenemos que someternos a las autoridades delegadas. Jamás podremos conseguir la obediencia por medio de la rebelión.

CAPÍTULO 8

La autoridad del cuerpo

Porque así como el cuerpo es uno, y tiene muchos miembros, pero todos los miembros del cuerpo, siendo muchos, son un solo cuerpo, así también Cristo. Porque por un solo Espíritu fuimos todos bautizados en un cuerpo, sean judíos o griegos, sean esclavos o libres; y a todos se nos dio a beber de un mismo Espíritu. Además, el cuerpo no es un solo miembro, sino muchos. Si dijere el pie: Porque no soy mano, no soy del cuerpo, ¿por eso no será del cuerpo? Y si dijere la oreja: Porque no soy ojo, no soy del cuerpo, ¿por eso no será del cuerpo? Si todo el cuerpo fuese ojo, ¿dónde estaría el oído? Si todo fuese oído, ¿dónde estaría el olfato? Mas ahora Dios ha colocado los miembros cada uno de ellos en el cuerpo, como él quiso. Porque si todos fueran un solo miembro, ¿dónde estaría el cuerpo? Pero ahora son muchos los miembros, pero el cuerpo es uno solo. Ni el ojo puede decir a la mano: No te necesito, ni tampoco la cabeza a los pies: No tengo necesidad de vosotros (1 Corintios 12:12-21).

Por tanto, si tu hermano peca contra ti, vé y repréndele estando tú y él solos; si te oyere, has ganado a tu hermano. Mas si no te oyere, toma aún contigo a uno o dos, para que en boca de dos o tres testigos conste toda palabra. Si no los oyere a ellos, dilo a la iglesia; y si no oyere a la iglesia, tenle por gentil y publicano. De cierto os digo que todo lo que atéis en la tierra, será atado en el cielo; y todo lo que desatéis en la tierra, será desatado en el cielo (Mateo 18:15-18).

LA AUTORIDAD HALLA SU MÁS ACABADA EXPRESIÓN EN EL CUERPO

La manifestación más completa de la autoridad de Dios se halla en el cuerpo de Cristo, que es su iglesia. Aunque Dios ha establecido el proceder de la autoridad en este mundo, ninguna de estas relaciones (gobernantes y pueblo, padres e hijos, maridos y mujeres, amos y siervos) puede darle a la autoridad su más completa expresión. A raíz de que las muchas autoridades gobernantes de la tierra son todas ellas institucionales, hay siempre la posibilidad de apariencia de subordinación sin que haya verdadera sumisión del corazón. No hay manera de averiguar si el pueblo acata de corazón una orden del gobernante o si solamente sirve de labios. Es igualmente difícil saber si los hijos cumplen sinceramente a lo que les dicen sus padres o no. Por eso es que la sumisión a la autoridad no puede representarse por la forma en que los hijos se someten a sus padres, los siervos a sus amos o el pueblo a sus gobernantes. Si bien no se puede establecer la autoridad de Dios sin sumisión, tampoco se la puede establecer si la sumisión no es de corazón. Además, todos estos ejemplos de sumisión se hallan dentro de la esfera de las relaciones humanas. Por lo consiguiente, son temporales y están sujetos a separación. Así pues, es evidente que la sumisión absoluta y perfecta no puede hallarse en ellos.

Sólo la relación entre Cristo y la iglesia puede dar plena expresión a la autoridad así como a la obediencia. Porque Dios no llamó a la iglesia a ser una institución; él ordenó que fuera el cuerpo de Cristo. Con frecuencia, imaginamos a la iglesia como una agrupación de creyentes que tienen la misma fe o como una reunión de almas cariñosas; pero Dios la considera de manera diferente. Ella no sólo representa la misma fe y amor unido sino que también, y aun más, se manifiesta como un cuerpo.

La iglesia es el cuerpo de Cristo, mientras que Cristo es la

Cabeza de la iglesia. Las relaciones de padres e hijos, amos y siervos, y hasta maridos y mujeres, todas ellas pueden ser rotas; pero la cabeza física y su cuerpo son inseparables; siempre son uno. De igual manera, Cristo y la iglesia tampoco pueden ser separados. La autoridad y obediencia que se hallan en ellos son de una naturaleza tan perfecta que superan a todas las otras manifestaciones de autoridad y obediencia.

No obstante el amor que los padres tienen por sus hijos, son propensos a emplear mal su autoridad. De igual modo, los gobernantes pueden dictar decretos injustos o los amos abusar de su autoridad. En este mundo, tanto la autoridad como la obediencia son imperfectas. Esto explica el porqué Dios desea establecer una autoridad y una obediencia perfectas en Cristo y en la iglesia, siendo ellos la Cabeza y el cuerpo, respectivamente. Puede ocurrir a veces que los padres lleguen hasta a herir a sus hijos, como asimismo los maridos a sus mujeres, los amos a sus siervos y los gobernantes a su pueblo. Pero ninguna cabeza le hará daño a su propio cuerpo; la autoridad de la cabeza no está sujeta a error, sino que es perfecta. De igual modo, la obediencia del cuerpo a la cabeza es perfecta. En cuanto la cabeza concibe una idea, los dedos se mueven natural, armoniosa y silenciosamente. Es la intención de Dios que le rindamos completa obediencia; no estará satisfecho hasta que lleguemos a ese mismo grado de obediencia que hay en un cuerpo para con su cabeza.

Esto sobrepasa aún a lo que puede representarse por la relación de maridos y mujeres, puesto que éstos son entidades separadas. Pero en Cristo estos dos son uno: él es la obediencia así como también la autoridad; ella es una en él. Esto difiere del mundo, porque en esa esfera la autoridad y la obediencia son dos cosas separadas. No así en el caso del cuerpo y la cabeza; el movimiento de aquél requiere poco esfuerzo de ésta; el cuerpo se mueve gentilmente al más leve impulso de la cabeza.

Esta es la clase de obediencia que satisface a Dios, no la sumisión que los hijos rinden a sus padres o las mujeres a sus maridos, sino la que el cuerpo rinde a su cabeza. ¡Cuán opuesto es esto a la sumisión por medio de la subyugación!

Cuando hayamos aprendido más acerca de la obediencia, se nos mostrará la diferencia entre el mandamiento de Dios y su voluntad. El primero es una palabra hablada por Dios mientras que la última es una idea concebida en la mente de Dios. El mandamiento debe ser expresado; pero la voluntad puede ser tácita. El Señor Jesús actuaba de acuerdo con la voluntad de Dios así como con su Palabra.

De igual modo obrará Dios en su pueblo hasta que la relación existente entre Cristo y su iglesia se acomode al mismo modelo de la relación que hay entre Dios y su Cristo. Dios tiene que seguir trabajando hasta que obedezcamos a Cristo como Cristo obedece a Dios. La primera fase de la obra de Dios es hacerse la Cabeza de Cristo. La segunda fase es hacer a Cristo Cabeza de la iglesia. Dios obrará hasta que obedezcamos de inmediato su voluntad aun sin necesidad de ser disciplinados por el Espíritu Santo. La tercera fase es hacer del reino de este mundo el reino de nuestro Señor y de su Cristo. La primera fase ya ha sido cumplida; la tercera está por venir aún. Hoy estamos en la fase media. Su cumplimiento es absolutamente esencial para la introducción de la tercera fase. ¿Hemos de obedecer aquí para que Dios haga lo que quiere o desobedeceremos, obstaculizando así la obra de Dios? Dios ha estado tratando de establecer su autoridad en el universo y la clave de ello es la iglesia. La iglesia está en el medio, sirviendo de eje. En esto, Dios nos viste con mucha más gloria. Sobre nuestros hombros recae la responsabilidad de manifestar la autoridad.

Para el cuerpo es muy natural y agradable obedecer a la cabeza

Dios dispuso que la cabeza y el cuerpo participaran de una sola vida y una sola naturaleza. Es muy natural, por tanto, que el cuerpo obedezca a la cabeza. En realidad, en tal relación la desobediencia sería algo extraño. Por ejemplo, es normal que la mano se levante a la orden de la cabeza; ¡si la mano no respondiera, significaría que algo anda mal! De igual modo, el espíritu de vida que Dios nos dio es uno y el mismo que el que tiene el Señor; así es la naturaleza de nuestra vida igual que la naturaleza de la suya. De este modo no hay ninguna posibilidad de discordia y desobediencia.

En nuestros cuerpos físicos algunos movimientos son conscientes mientras que otros son automáticos; porque la cabeza y el cuerpo están tan unidos que la obediencia incluye tanto lo consciente como lo automático. Por ejemplo, uno puede dar conscientemente un profundo suspiro o bien puede respirar con naturalidad sin ningún esfuerzo consciente. Nuestro corazón late automáticamente; no espera ninguna orden. Esta es la obediencia de la vida. La cabeza solicita la obediencia del cuerpo sin ruido ni compulsión, sin conflicto y en perfecta armonía. Pero hay muchos hoy que sólo están dispuestos a obedecer mandamientos. Esto no es conveniente, porque tras el mandamiento está la voluntad y en ella está la ley de la vida. Ahora bien, tan sólo la obediencia perfecta puede considerarse como obediencia a la ley de la vida. No puede considerarse obediencia la que sea menos que lo que un cuerpo le rinde a su cabeza. La obediencia obligada no se conforma a la regla de obediencia.

El Señor nos puso en su cuerpo, en el cual hay completa unión y perfecta obediencia. Es realmente maravilloso ver que la mente del Espíritu Santo se desarrolla en los miembros, los que ni siquiera son conscientes de ser diferentes por lo indivisible de su relación y lo armonioso de su coordinación. A veces ni siquiera necesitamos pensar para coordinar las funciones de diversos miembros. En verdad es imposible describir con palabras humanas la armonía que existe entre los miembros. Pero cada uno de nosotros tenga cuidado para no ser un miembro enfermo y que produzca fricciones. Al vivir bajo la autoridad de Dios debemos ser capaces de obedecer con toda naturalidad.

En resumen, la iglesia no es tan sólo un lugar para la comunión de los hermanos sino también para la manifestación de la autoridad.

RESISTIR A LA AUTORIDAD DE LOS MIEMBROS ES RESISTIR A LA CABEZA

Aunque a veces la autoridad del cuerpo se manifiesta directamente, con frecuencia lo hace en forma indirecta. No sólo a la cabeza está sujeto el cuerpo; sus diversos miembros, además, se ayudan mutuamente y están sujetos unos a otros. La mano derecha y la izquierda no tienen comunicación directa; es la cabeza la que las mueve a ambas. La mano derecha no está en posición de dirigir a la izquierda y viceversa. Tampoco puede ordenar la mano que los ojos miren, sino que simplemente notifica a la cabeza y deja que ésta dé la orden a los ojos. Por eso es que todos los diversos miembros están igualmente cerca de la cabeza. Todo lo que hace un miembro se atribuye a la cabeza. Cuando miran mis ojos, soy yo quien mira; y así sucede también con mis pies y mis manos: soy yo quien anda y trabaja. Por lo tanto, podemos concluir que el juicio del miembro es frecuentemente el juicio de la cabeza. La mano no puede ver por sí misma; tiene que aceptar el juicio del ojo. Para la mano es pedir mal el pedir que le permitan ver por sí misma o que la cabeza mire.

Pero es en este mismo aspecto donde se halla la falta común

de los hijos de Dios. Necesitamos reconocer en otros miembros la autoridad de la Cabeza. La función de cada miembro es limitada: el ojo es para ver; la mano, para trabajar; el pie, para andar. Debemos, por lo tanto, aprender a aceptar las funciones de los otros miembros. No debemos rechazar la función de ningún miembro. Si el pie rechazara a la mano, sería lo mismo que si rechazara a la cabeza. Si aceptamos la autoridad de un miembro, es lo mismo que si aceptamos la autoridad de la cabeza. Aunque la función de la mano del cuerpo físico es extraordinaria, ella tiene que aceptar la función de los pies cuando hay que caminar. La mano no puede percibir el color, así que tiene que aceptar la autoridad del ojo. La función de cada miembro constituye su autoridad.

LA AUTORIDAD ES LAS RIQUEZAS DE CRISTO

Es imposible hacer de cada miembro un cuerpo entero; cada uno debemos aprender a estar en condiciones de ser miembros y de aceptar las operaciones de los demás miembros. Lo que otros ven y oyen es considerado como que yo veo y oigo. Aceptar las funciones de los otros miembros es aceptar las riquezas de la cabeza. Ningún miembro puede darse el lujo de ser independiente, puesto que cada uno no es más que un miembro del cuerpo; todo lo que hacen los demás miembros se considera como la obra de todos los miembros y por lo tanto la obra del cuerpo.

El problema de hoy es que la mano insiste en ver, aun después que el ojo ha visto. Todos quieren tener todo en sí mismos, rehusando aceptar la provisión de los otros miembros.

Esto crea pobreza en los miembros que actúan así, como asimismo en la iglesia. La autoridad no es más que otra manifestación de las riquezas de Cristo. Sólo al aceptar las funciones de otros —aceptando su autoridad— recibe uno la riqueza de todo el cuerpo. Someterse a la autoridad de otros miembros es poseer sus riquezas. La insubordinación produce pobreza. «Así que, si tu ojo es bueno, todo tu cuerpo estará lleno de luz» (Mateo 6:22); de igual modo, si tu oído es bueno todo tu cuerpo oirá.

Frecuente pero equivocadamente consideramos a la autoridad como algo que nos oprime, ofende y molesta. Dios no tiene tal concepto. El usa la autoridad para suplir lo que nos falta. Su propósito al instituirla es concedernos sus riquezas y suplir la necesidad de los débiles. El no permitiría que esperemos durante décadas y pasemos muchos días sombríos y difíciles antes de poder ver por nosotros mismo. Es probable que para entonces hubiéramos llevado a muchos a las tinieblas. En realidad, vendría a ser el ciego que guía al ciego. ¡Qué tremendo daño sufriría Dios por nuestra causa! No; él obra primero en la vida de otro, y lo hace concienzudamente, a fin de darnos a esa persona por autoridad para que aprendamos a obedecer y poseamos lo que nunca hemos poseído. La riqueza de este hombre viene a ser nuestra riqueza. Pero si hacemos caso omiso de este procedimiento divino, aunque vivamos cincuenta años, puede que todavía quedemos muy atrás con respecto a lo que esa persona ha logrado.

La forma en que Dios nos concede su gracia es doble: a veces, aunque en raras ocasiones, nos la concede directamente; pero las más de las veces nos da sus riquezas en forma indirecta, esto es, pone sobre nosotros a los hermanos de la iglesia que son más maduros espiritualmente para que aceptemos su criterio como nuestro propio. Esto nos capacitará entonces para poseer las riquezas de ellos sin tener que pasar personalmente por sus dolorosas experiencias. Dios ha depositado mucha gracia en la iglesia; pero a cada miembro le dispensa un poco de gracia en particular, así como cada estrella tiene su propia gloria especial. Por eso es que la autoridad produce las riquezas de la iglesia. La riqueza de cada miembro es la riqueza de todos. Rebelarse es optar por el camino de la pobreza.

Resistir a la autoridad es rechazar los medios que nos conducen a la gracia y a la riqueza.

LA DISTRIBUCIÓN DE FUNCIONES ES TAMBIÉN UNA DELEGACIÓN DE LA AUTORIDAD

¿Quién se atrevería a desobedecer la autoridad del Señor? Pero recordemos que también se necesita prestar atención a la autoridad de los miembros que Dios ha coordinado en el cuerpo. Dios ha juntado a muchos miembros y, por lo tanto, es rebelión absoluta el que alguien se resista a la ayuda de los otros miembros. A veces el Señor usa a un miembro en forma directa; pero en otras ocasiones usa a otro miembro para suplir las necesidades de aquél. Ya que es la cabeza la que dirige al ojo para que mire, todo el cuerpo debe aceptar la visión de ese ojo como suya propia. Tal distribución de la función es una delegación de la autoridad y representa también la autoridad de la cabeza. Si otros miembros presumieran de ver, serían rebeldes. Jamás seamos tan insensatos como para pensar de nosotros mismos como todopoderosos.

Recordemos siempre que no somos más que un miembro; necesitamos aceptar las operaciones de los otros miembros. Cuando nos sometemos a la autoridad visible estamos en perfecta armonía con la Cabeza, puesto que el hecho de que alguien tenga el suministro constituye su autoridad. Todo el que tenga un don tiene un ministerio, y todo el que tenga un ministerio tiene autoridad. Sólo el ojo puede ver; así que cuando necesitamos ver tenemos que someternos a la autoridad del ojo y recibir el suministro de su función. El ministerio que Dios otorga es autoridad; nadie debe rechazarlo. La mayoría de las personas quieren tener la autoridad directa de Dios; pero el modo más frecuente de Dios es establecer autoridades indirectas o delegadas para que las obedezcamos. Por medio de ellas debemos recibir la provisión espiritual.

LA VIDA FACILITA LA OBEDIENCIA

Al mundo le es difícil obedecer, como difícil les fue a los israelitas, porque no tiene un nexo vital. Pero a los que tenemos una relación vital, desobedecer nos es difícil. Hay una unidad interior: una vida y un Espíritu; el Espíritu Santo que dirige y controla todas las cosas. Estamos contentos y tranquilos si nos sometemos unos a otros. Si procuramos llevar toda la carga sobre nuestros propios hombros, nos fatigaremos. Pero si la carga se distribuye entre varios miembros, nos sentiremos descansados. ¡Cuánta paz se tiene al aceptar la sujeción del Señor! Al someternos a la autoridad de otros miembros experimentamos una gran emancipación. Pero estar en el lugar de otro nos hace sentir muy obligados. Obedecer es natural; desobedecer es difícil.

El Señor nos llama a aprender la obediencia en el cuerpo, la iglesia, así como también en el hogar y en el mundo. Si la aprendiéramos en el cuerpo, no tendríamos ninguna dificultad en otras partes. La iglesia es donde debemos comenzar a aprender la obediencia. Es el lugar de la realización lo mismo que de la prueba. Si fracasamos aquí, fracasaremos en todas partes. Si aprendemos en la iglesia, podrán ser resueltos los problemas del reino, del mundo y del universo.

En tiempos pasados, tanto la autoridad como la obediencia eran objetivas, esto es, una sumisión externa a un poder también externo. Hoy la autoridad se ha convertido en una cosa viviente, algo interno. La autoridad y la obediencia tienen un mutuo encuentro en el cuerpo de Cristo. Ambas se vuelven instantáneamente subjetivas y ambas se combinan en una. Aquí es donde está la suprema manifestación de la autoridad de Dios. La autoridad y la obediencia alcanzan su consumación en el cuerpo. Desarrollémonos aquí; de otro modo no habrá ninguna posibilidad. El lugar donde tenemos un encuentro con la autoridad está en el cuerpo. La Cabeza (la fuente de la autoridad) y los miembros (cada uno con su función, ministrándose unos a otros como autoridades delegadas así como también obedeciendo a la autoridad) están todos en la iglesia. Si no reconocemos la autoridad aquí, no hay ninguna posibilidad de que lo hagamos en otro lugar.

CAPÍTULO *9*

Las manifestaciones de la rebelión del hombre

¿*E*n qué aspectos particulares se manifiesta con mayor evidencia la rebelión del hombre? En las palabras, en los razonamientos y en los pensamientos. A menos que haya tratos prácticos en estos aspectos, hay muy pocas esperanzas de liberación de la rebelión.

1. LAS PALABRAS

Y mayormente a aquellos que, siguiendo la carne, andan en concupiscencia e inmundicia, y desprecian el señorío. Atrevidos y contumaces, no temen decir mal de las potestades superiores, mientras que los ángeles, que son mayores en fuerza y en potencia, no pronuncian juicio de maldición contra ellas delante del Señor. Pero éstos, hablando mal de cosas que no entienden, como animales irracionales, nacidos para presa y destrucción, perecerán en su propia perdición (2 Pedro 2:10-12).

Nadie os engañe con palabras vanas, porque por estas cosas viene la ira de Dios sobre los hijos de desobediencia (Efesios 5:6).

No obstante, de la misma manera también estos soñadores mancillan la carne, rechazan la autoridad y blasfeman de las potestades superiores. Pero cuando el arcángel Miguel contendía con el diablo, disputando con él por el cuerpo de Moisés, no se atrevió a proferir juicio de maldición contra él, sino que dijo: El Señor te reprenda. Pero éstos blasfeman de cuantas cosas no conocen; y en las que por naturaleza conocen, se corrompen como animales irracionales (Judas 8-10).

¡Generación de víboras! ¿Cómo podéis hablar lo bueno, siendo malos? Porque de la abundancia del corazón habla la boca (Mateo 12:34).

LAS PALABRAS SON EL ESCAPE DEL CORAZÓN

El hombre que es rebelde de corazón bien pronto proferirá palabras rebeldes, porque de la abundancia del corazón habla la boca. Para conocer la autoridad, debemos tener primeramente un encuentro con ella; de otro modo nunca vamos a obedecer. El meramente oír el mensaje de obediencia es totalmente ineficaz. Debemos tener un encuentro con Dios; entonces será puesto el fundamento de la autoridad de Dios en nuestra vida. Después, cada vez que digamos una palabra rebelde —no, aun antes que la pronunciemos, nos daremos cuenta de nuestro pecado y de este modo seremos refrenados en nuestro corazón. Si hablamos palabras rebeldes sin restricción alguna, y no sentimos ningún refrenamiento interior, quiere decir que, sin duda alguna, jamás hemos tenido un encuentro con la autoridad. Es mucho más fácil proferir palabras rebeldes que realizar actos rebeldes.

La lengua es difícil de domar. Bien pronto la rebelión de un hombre se expresa por medio de su lengua. Puede que esté de acuerdo con una persona en su presencia pero murmure de ella a sus espaldas; puede que guarde silencio frente a un hombre pero luego tenga mucho que decir en alta voz. No es difícil usar la boca en rebelión. La gente de la sociedad actual es rebelde; solamente sirve de labios y se somete aparentemente. La iglesia debe ser diferente; en ella debe haber obediencia de corazón. Se sabe fácilmente si hay o no esta clase de obediencia en una persona, por las palabras que salen de su boca. Dios busca la obediencia de corazón.

EVA AÑADIÓ DESCUIDADAMENTE A LA PALABRA DE DIOS

Cuando Eva fue tentada, agregó las palabras «ni le tocaréis» a la palabra de Dios (Génesis 3:3). Entendamos lo grave que es esto. El que conoce la autoridad de Dios jamás se atreverá a agregar ni una sílaba. La palabra de Dios es bastante clara: «De todo árbol del huerto podrás comer; mas del árbol de la ciencia del bien y del mal no comerás» (Génesis 2:16-17). Dios nunca dijo: «No toquéis»; esto fue añadido por Eva. Todos los que alteran fácilmente la palabra de Dios, añadiendo o quitando, evidencian que no conocen la autoridad; por eso son rebeldes e ignorantes.

Supongamos que uno es enviado a cierto lugar como representante y portavoz de su gobierno; sin duda uno tratará arduamente de memorizar lo que le han encomendado decir; no se atrevería a añadir ninguna de sus palabras. Pero aunque Eva veía a Dios todos los días, no reconoció la autoridad; así que descuidadamente añadió sus propias palabras. Quizás se imaginó que no tenían mucha importancia unas cuantas palabras más o menos. No; ni siquiera una persona terrenal que sirve a un amo terrenal se atreve a cambiar a su antojo las palabras de su amo. ¿Cómo, pues, osamos hacerlo los que servimos al Dios viviente?

CAM DIVULGÓ LA FALTA DE SU PADRE

Veamos lo que hizo Cam cuando vio la desnudez de su padre. Salió a contárselo a sus hermanos Sem y Jafet. El que es insubordinado en su corazón siempre espera que caiga la autoridad. Por eso Cam logró la oportunidad de revelar la falta de su padre. Al hacerlo probó plenamente que de ningún modo estaba él sujeto a la autoridad de su padre. De ordinario, se sometía aparentemente a su padre; pero esta sumisión era sin entusiasmo. Ahora, sin embargo, había descubierto la debilidad de su padre, así que aprovechó la oportunidad de contárselo a sus hermanos. Hoy día muchos hermanos, debido a la falta de amor, se gozan en criticar a la gente y se complacen grandemente en revelar las faltas de otros. Cam no tenía amor ni sumisión. El es una manifestación de la rebelión.

MARÍA Y AARÓN DENIGRARON A MOISÉS

El capítulo 12 del libro de Números registra cómo María y Aarón hablaron contra Moisés y mezclaron los asuntos familiares con la obra. Moisés ocupaba una posición exclusiva en el llamamiento de Dios; María y Aarón eran simples subalternos. Este era el orden de Dios. Sin embargo, éstos dos se rebelaron contra ese orden y expresaron su sentir hablando contra Moisés. No conocían la autoridad, ya que el conocimiento de ella sella las bocas y resuelve muchos problemas. Las dificultades naturales se resuelven en cuanto se enfrentan con la autoridad. María simplemente dijo: «¿Solamente por Moisés ha hablado Jehová? ¿No ha hablado también por nosotros?» (versículo 2). Al parecer no dijo mucho, pero Dios notó que esto era denigrante. Probablemente tenía aún muchas más palabras que decir, pero se las había guardado; como un témpano muestra solamente un décimo de su masa sobre la superficie mientras los otros nueve décimos permanecen ocultos en el agua. Por ligeras que sean las palabras de una persona, si tiene un espíritu rebelde, Dios lo descubrirá de inmediato. Generalmente, la rebelión se manifiesta en palabras. No importa si estas palabras son ligeras o serias, ello es rebelión.

CORÉ Y SU SÉQUITO ATACARON A MOISÉS

En el capítulo 16 de Números se nos refiere que Coré y su séquito con 250 dirigentes de la congregación se juntaron contra Moisés. Lo atacaron con palabras. Dijeron todo lo que tenían en sus corazones. Se quejaron de Moisés. Aunque María habló contra él, se midió en sus palabras; así que pudo ser restaurada. Pero Coré y su séquito, como un torrente incontrolable, desecharon toda moderación. En esto vemos dos grados distintos de rebelión: algunos pueden ser degradados pero finalmente son restaurados; mientras que otros deben ser tragados por el Seol, pues carecen de toda moderación. Estos de Números 16 no solamente hablaron contra Moisés sino que también lo censuraron duramente y en público. La situación fue tan crítica que Moisés no pudo hacer otra cosa que postrarse en tierra.

¡Qué grave fue la acusación de ellos! Le dijeron a Moisés: «¡Basta ya de vosotros! . . . ¿por qué, pues, os levantáis vosotros sobre la congregación de Jehová?» (versículo 3). Era como si dijeran: «Reconocemos que Dios está en medio de la congregación, porque la congregación es santa; pero no reconocemos tu autoridad, porque eres un usurpador.» De este ejemplo aprendemos que todos los que escuchan a la autoridad directa de Dios pero desechan a la autoridad delegada están bajo el principio de la rebelión.

Si fuéramos sumisos a la autoridad, seguramente refrenaríamos la lengua y no nos atreveríamos a hablar con tanta libertad. Cuando Pablo era juzgado por el concilio, le habló como profeta al sumo sacerdote, diciendo: «¡Dios te golpeará a ti, pared blanqueada!» (Hechos 23:3). Pero también era judío; así que en cuanto le dijeron que Ananías era el sumo sacerdote se dio vuelta y dijo: «No sabía, hermanos, que era el sumo sacerdote; pues escrito está: No maldecirás a un príncipe de tu pueblo» (versículo 5). ¡Cuánto cuidado tenía con sus palabras y con qué estrictez refrenaba su lengua!

LA REBELIÓN ESTÁ LIGADA A LA COMPLACENCIA CARNAL

El apóstol Pedro mencionó a los que desprecian la autoridad luego de hablar de los que se complacen en la concupiscencia de las bajas pasiones. El síntoma de los que desprecian la autoridad se manifiesta al hablar en contra de alguien, esto es, al proferir palabras rebeldes.

Los semejantes atraen a los semejantes. Una persona se juntará naturalmente con los que le tienen afecto y se comunicará con quienes tiene afinidad. Los rebeldes y los carnales andan juntos. Dios los considera iguales. Los rebeldes y los carnales son tan malos y obstinados que no temen injuriar a los seres gloriosos. Los que conocen a Dios temblarían al hacerlo. Es concupiscencia de la boca hablar palabras injuriosas; y si conociéramos a Dios, nos arrepentiríamos y aborreceríamos porque sabríamos cuánto la odia él. Los ángeles estuvieron en otro tiempo bajo la jurisdicción de estos seres gloriosos; por eso no se atrevieron a pronunciar juicio de maldición sobre éstos delante del Señor. Tuvieron cuidado de no albergar una actitud rebelde al tratar con los espíritus que no habían permanecido en su estado anterior.

Por lo mismo, no debemos injuriar a otros, hablando contra ellos delante de Dios, ni siquiera en nuestras oraciones. David mismo probó que era uno que mantenía su posición al reconocer que Saúl era el ungido del Señor. El poder de Satanás lo establecen los que no guardan su dignidad, mientras que los ángeles son los que sí guardan su dignidad. Pedro usa a los ángeles para ilustrar este principio de mantenerse en su lugar con el fin de que tengamos más cuidado al respecto.

Hay dos cosas que hacen que los cristianos pierdan su poder: (1) el pecado, y (2) el hablar mal de la autoridad. Cada vez que uno habla abiertamente contra otro, ello significa una pérdida de poder. La pérdida de poder es mayor cuando la desobediencia se expresa con palabras que cuando se la esconde en el corazón. El efecto de las palabras sobre el poder excede en gran medida a lo que comúnmente creemos.

Es verdad que a los ojos de Dios el pensamiento es considerado como igual al hecho. El que concibe el mal ya ha cometido ese mal. Por otra parte el Señor dice: «Porque de la abundancia del corazón habla la boca. . . Mas yo os digo que de toda palabra ociosa que hablen los hombres, de ella darán cuenta en el día del juicio. Porque por tus palabras serás justificado, y por tus palabras serás condenado» (Mateo 12:34, 36-37). Esto indica que hay una diferencia entre las palabras y el pensamiento. Este puede encubrirse todavía; pero una vez que se habla la palabra, todo se revela. Los creyentes en el día de hoy pierden su poder tanto por sus palabras como por sus hechos; y en realidad pierden más poder por sus palabras.

Todos los rebeldes tienen problemas con lo que hablan. Todos los que no pueden controlar sus palabras tampoco pueden controlarse a sí mismo.

DIOS CENSURA ENÉRGICAMENTE A LOS REBELDES

Leamos de nuevo 2 Pedro 2:12. *«Pero éstos. . . como animales irracionales, nacidos para presa y destrucción. . .»*

¿Puede haber en la Biblia palabras de censura más fuertes que las que se hallan aquí? ¿Por qué los reprende tratándolos de animales? Porque son muy insensibles. Siendo la autoridad el tema principal de la Biblia, hablar contra ella constituye el pecado más grave. Nuestra boca no debiera hablar descuidadamente. En cuanto conozcamos a Dios nuestra boca estará en sujeción; no nos atreveremos a injuriar a las autoridades. El tener un encuentro con la autoridad crea en nosotros una conciencia de la autoridad así como el Señor nos hace conscientes del pecado.

LAS DIFICULTADES DE LA IGLESIA SE DERIVAN FRECUENTEMENTE DE LAS PALABRAS DIFAMATORIAS

El hablar descuidadamente es la causa principal del rompimiento de la unidad de la iglesia y de la pérdida del poder. Probablemente, la mayoría de las dificultades de la iglesia se deben hoy a las palabras difamatorias; sólo una parte menor de las dificultades son problemas reales. En efecto, la mayoría de los problemas de este mundo han sido creados por causa de las mentiras. Si en la iglesia dejamos de difamar, habremos eliminado la mayor parte de nuestras dificultades. ¡Cómo necesitamos confesar nuestros pecados delante de Dios y pedirle que nos perdone. Es preciso que terminemos completamente con nuestras palabras injuriosas delante de Dios. «¿Acaso alguna fuente echa por una misma abertura agua dulce y amarga?» (Santiago 3:11). De los mismos labios no deben salir palabras cariñosas y palabras denigrantes. Ojalá ponga Dios vigilancia en nuestros labios, y no solamente en nuestros labios sino también en nuestro corazón, para que seamos librados de pensamientos rebeldes y palabras injuriosas. Quiera Dios que eliminemos para siempre a las palabras injuriosas.

2 Las razones

(Pues no habían aún nacido, ni habían hecho aún ni bien ni mal, para que el propósito de Dios conforme a la elección permaneciese, no por las obras sino por el que llama), se le dijo: El mayor servirá al menor. Como está escrito: A Jacob amé, mas a Esaú aborrecí. ¿Qué, pues, diremos? ¿Qué hay injusticia en Dios? En ninguna manera. Pues a Moisés dice: Tendré misericordia del que yo tenga misericordia, y me compadeceré del que yo me compadezca. Así que no depende del que quiere, ni del que corre, sino de Dios que tiene misericordia. Porque la Escritura dice a Faraón: Para esto mismo te he levantado, para mostrar en ti mi poder, y para que mi nombre sea anunciado por toda la tierra. De manera que de quien quiere, tiene misericordia, y al que quiere endurecer, endurece. Pero me dirás: ¿Por qué, pues, inculpa? porque ¿quién ha resistido a su voluntad? Mas antes, oh hombre, ¿quién eres tú, para que alterques con Dios? ¿ Dirá el vaso de barro al que lo formó: ¿ Por qué me has hecho así? ¿O no tiene potestad el alfarero sobre el barro, para hacer de la misma masa un vaso para honra y otro para deshonra? ¿ Y qué, si Dios, queriendo mostrar su ira y hacer notorio su poder, soportó con mucha paciencia los vasos de ira preparados para destrucción, y para hacer notorias las riquezas de su gloria, las mostró para con los vasos de misericordia que él preparó de antemano para gloria, a los cuales también ha llamado, esto es, a nosotros, no sólo de los judíos, sino también de los gentiles? (Romanos 9:11-24).

LA DIFAMACIÓN PROCEDE DE LA RAZÓN

La rebelión del hombre contra la autoridad se manifiesta en palabras, razones y pensamientos. Si no conoce la autoridad, hablará palabras denigrantes, palabras que generalmente se originan en su razón. Cam tenía sus razones para difamar a su padre, pues Noé estaba desnudo. María habló contra Moisés a raíz del casamiento de su hermano con una mujer cusita. Sin embargo, el que se somete a la autoridad vive bajo autoridad y no dentro de lo razonable. Coré y su séquito con 250 dirigentes murmuraron contra Moisés y Aarón, diciendo: «Toda la congregación, todos ellos son santos, y en medio de ellos está Jehová; ¿por qué, pues, os levantáis vosotros sobre la congregación de Jehová?» (Números 16:3). También ellos tenían sus razones; palabras calumniosas como aquellas son producidas generalmente por la razón.

Datán y Abiram parecían tener razones más poderosas aún, pues contestaron a Moisés, diciendo: «Ni tampoco nos has metido tú en tierra que fluye leche y miel, ni nos has dado heredades de tierras y viñas. ¿Sacarás los ojos de estos hombres?» (versículo 14). Lo que querían decir era que sus ojos podían ver con más claridad cómo era la tierra allí donde estaban. Cuanto más reflexionaban, tanto más poderosas parecían ser sus razones para desconfiar de Moisés. La razón no puede permitir la reflexión, puesto que lo único que ésta hará será agravarla aún más. la gente de este mundo vive en la esfera de la razón. ¿En qué, pues, nos diferenciamos de la gente mundana si también nosotros vivimos en esa esfera?

Seguir al Señor exige la liberación de la razón

Es muy cierto que para seguir al Señor tenemos que sacarnos los ojos de la razón. ¿Qué es lo que gobierna nuestra vida? ¿La razón o la autoridad? Cuando seamos iluminados por el Señor, seremos cegados por la luz, y nuestra razón será desechada. Pablo quedó ciego con la gran luz que lo iluminó en el camino a Damasco; desde entonces ya no se fió de su propia razón. Moisés jamás se sacó los ojos; sin embargo, actuó como si fuera ciego. Tenía sus argumentos y razones; pero en obediencia a Dios vivía por encima de la razón. Los que están bajo la autoridad de Dios no viven por la vista. Los siervos de Dios tienen que liberarse de la vida de la razón. La razón es la primera causa de la rebelión; por eso es que no podemos controlar nuestras palabras a menos que primero tratemos detalladamente con nuestra razón.

Salvo que el Señor nos libre de la esclavitud de la razón, tarde o temprano diremos palabras denigrantes.

Parece fácil hablar de la liberación de la vida de la razón. Pero como seres racionales, ¿cómo podemos refrenarnos de argumentar con Dios? Ello parece sumamente difícil. Razonamos desde la niñez hasta la edad adulta, desde nuestro estado de incrédulos hasta ahora. El principio básico de nuestra vida es el razonamiento. ¿Cómo, pues, podemos dejar de razonar? ¡Dejar de hacerlo requiere literalmente la vida misma de nuestra carne! Es por eso que hay dos clases de creyentes: los que viven en la esfera de la razón y los que viven en la de la autoridad.

Preguntémonos: ¿Dónde vivimos hoy? Cuando recibimos el mandamiento de Dios, ¿nos detenemos a considerar el asunto para ver si hay razones suficientes para que lo hagamos? ¡Oh! Esto no es más que una manifestación del árbol de la ciencia del bien y del mal. El fruto de ese árbol gobierna no sólo nuestros asuntos personales, sino que hasta todo lo que Dios ordenó tiene que pasar por nuestra razón y juicio. Nosotros pensamos por Dios y decidimos lo que Dios debería pensar. Sin duda, éste es el principio de Satanás, porque ¿acaso no desea él ser igual a Dios? Todos los que de veras conocen a Dios le obedecen sin discusión, pues no hay ninguna posibilidad de asociar la razón con la obediencia. Si alguien desea aprender la obediencia tiene que desechar la razón. Tiene que vivir por la autoridad de Dios o por la razón humana; es absolutamente imposible vivir por ambas.

Durante su vida terrenal, el Señor Jesús vivió en todo sentido por encima de la razón. ¿Qué razón pudo haber para la deshonra, los azotes y la crucifixión que sufrió? Pero él se sometió a la autoridad de Dios; no arguyó ni preguntó; ¡solamente obedeció! ¡Vivir bajo la razón es tan complicado! Consideremos las aves del cielo y los lirios del valle. ¡Con qué sencillez viven! Cuanto más nos sometamos a la autoridad, tanto más sencillas serán nuestras vidas.

DIOS NUNCA ARGUMENTA

En Romanos 9 Pablo probó a los judíos que Dios también llama a los gentiles. El indica que de los descendientes de Abraham sólo fue escogido Isaac y que de la simiente de Isaac sólo fue escogido Jacob. Todo es según la elección de Dios. Así pues, ¿por qué no debería escoger Dios a los gentiles? El puede tener misericordia del que él tenga misericordia y compasión de quien él se compadezca. El ama al traicionero Jacob y aborrece al honesto Esaú (al menos esto es lo que suponen los hombres). Hasta endurece el corazón de Faraón. ¿Es, pues, injusto Dios? Pero él se sienta en el trono de gloria arriba y todos los hombres están sujetos a su autoridad. ¿Quién eres tú, partícula de polvo, para argüir con Dios?

El es Dios y tiene autoridad para hacer lo que quiera. No

podemos seguirle por una parte y por la otra exigir saber la razón. Si queremos servirle, no debemos discutir. Todos los que tienen un encuentro con Dios deben desechar sus propios razonamientos. Solamente podemos basarnos en la obediencia. No nos entremetamos con nuestros argumentos, tratando de ser consejeros de Dios. Escuchemos lo que Dios afirma: «Tendré misericordia del que yo tenga misericordia.» ¡Cuán preciosa es la palabra «tendré»! Adoremos a Dios. El nunca argumenta; simplemente hace lo que quiere. El es el Dios de la gloria. Asimismo Pablo declara: «Así que no depende del que quiere, ni del que corre, sino de Dios que tiene misericordia. Porque la Escritura dice a Faraón: Para esto mismo te he levantado, para mostrar en ti mi poder, y para que mi nombre sea anunciado por toda la tierra. De manera que de quien quiere, tiene misericordia, y al que quiere endurecer, endurece» (Romanos 9:16-18). Endurecer su corazón no significa hacerlo pecar; simplemente significa abandonarlo (véase Romanos 1:24,26,28).

Pablo, previendo una objeción de parte de los destinatarios de su epístola, se anticipa a su argumento diciendo: «Pero me dirás: ¿Por qué, pues, inculpa? porque ¿quién ha resistido a su voluntad?» (versículo 19). Muchos coincidirán en que el razonamiento anterior es tremendamente fuerte. Pablo también conoce la fuerza de tal argumento. Así que continúa: «Mas antes, oh hombre, ¿quién eres tú, para que alterques con Dios? ¿Dirá el vaso de barro al que lo formó: ¿Por qué me has hecho así?» (versículo 20). No contesta su argumento; en cambio, les pregunta: «¿Quién eres tú?» No dice: «¿Qué dijiste?» Solamente pregunta: «¿Quién eres tú, para que alterques con Dios?» Cuando Dios ejerce autoridad no tiene necesidad de consultarnos ni de conseguir nuestra aprobación. Simplemente nos exige que obedezcamos a su autoridad y reconozcamos que si esto es de Dios, es bueno.

A los hombres siempre les gusta argumentar; pero ojalá no preguntemos: «¿Hay alguna razón real para que seamos salvos?» No hay ninguna razón. Yo no quise ni corrí; pero soy salvo. Esto es lo más irracional que puede suceder. Pero Dios tendrá misericordia de quien él tenga misericordia. El alfarero tiene potestad sobre el barro para hacer de la misma masa un vaso para belleza u obra de arte y otro para usos serviles. Es cuestión de autoridad, no de razón.

La dificultad fundamental que hoy día tenemos los hombres es que todavía vivimos basados en el principio de la ciencia del bien y del mal, bajo el poder del razonamiento. Si la Biblia fuera un libro de argumentos, de seguro que discutiríamos todo. Pero en Romanos 9 Dios abre la ventana del cielo y nos ilumina no para argüir con nosotros sino para preguntarnos: «¿Quién eres tú?»

LA GLORIA DE DIOS NOS LIBRA DE LA RAZÓN

No es fácil que los hombres se libren de las palabras denigrantes; más difícil aún es que se libren de los razonamientos. Cuando era joven, frecuentemente me ofendía por las cosas irrazonables que Dios hacía. Posteriormente leí Romanos 9 y por primera vez en mi vida tuve un pequeño contacto con la autoridad de Dios. Comencé a ver quién era yo: solamente un ser creado por él. Y me dije: «¿Cómo me atrevo a replicarle impertinentemente con mis palabras más razonables?» El que está por encima de todo vive en gloria inaccesible. Una vislumbre de un poco de su gloria nos pondría de rodillas y nos haría desechar nuestros razonamientos. Solamente los que viven muy lejos de su gloria pueden ser altaneros; los que se sientan en las tinieblas pueden vivir de razonamientos. Pero nadie en todo el mundo puede verse realmente a la luz de su propio ardor. Sin embargo, en cuanto el Señor le conceda un poco de luz y le permita ver un poco de la gloria de Dios, caerá como muerto, como ocurrió una vez con el apóstol Juan.

Que Dios tenga misericordia de nosotros para que de una vez por todas entendamos cuán miserables y ruines somos. Entonces no osaremos contestar impertinentemente a Dios. A la reina del Sur se le mostró un poco de la gloria de Salomón y se quedó asombrada. Aquí hay Uno mayor que Salomón; ¿qué importa mi débil razón? Desde que Adán pecó tomando el fruto del árbol de la ciencia del bien y del mal, la razón ha llegado a ser el principio vital del hombre. Sólo después que se nos manifiesta la gloria del Señor venimos a darnos cuenta de que no somos más que perros muertos y masas de barro. Todos nuestros argumentos se desvanecerán a la luz de su gloria. Cuanto más vive una persona en la gloria, tanto menos razona. Si alguien discute mucho, podemos saber que jamás ha visto la gloria.

Durante estos años empiezo a aprender que frecuentemente Dios actúa sin razón. Aun cuando no entiendo lo que él hace, todavía aprendo a adorarlo; porque no soy más que un siervo. Si hubiera entendido todos sus caminos, yo mismo me habría sentado en el trono. Pero una vez que veo que él está muy arriba de mí, que sólo él es Dios en lo alto, me postro en polvo y cenizas, desapareciendo todos mis razonamientos. De aquí en adelante, sólo la autoridad es real para mí; la razón, el bien y el mal ya no gobiernan mi vida. El que conoce a Dios se conoce a sí mismo y por lo tanto es librado de la razón.

La manera de conocer a Dios es por medio de la obediencia. Ninguno de los que aún viven en sus razonamientos lo ha conocido. Tan sólo los obedientes conocen verdaderamente a Dios. Así es como se elimina el conocimiento del bien y del mal que viene de Adán. De ahí en adelante nos es relativamente fácil obedecer.

«YO JEHOVÁ VUESTRO DIOS»: ÉSTA ES LA RAZÓN

En Levítico 18-22, cada vez que ordena que el pueblo de

Israel haga ciertas cosas, Dios interpola una frase: «Yo Jehová vuestro Dios». Significa: «Hablo así porque yo soy Jehová vuestro Dios. No tengo por qué dar ninguna razón. Yo, Jehová, soy la razón.» Si vemos esto, nunca más podremos vivir por la razón. Le diremos a Dios: «Ya que antes vivía por el pensamiento y la razón, ahora me inclino y te adoro; todo lo que has hecho, porque eres tú quien lo ha hecho, es suficiente para mí.» Después de caer en el camino a Damasco, Pablo desechó todos sus razonamientos. La pregunta que hizo fue: «¿Qué haré, Señor?» De inmediato se somete al Señor. Nadie que conozca a Dios discutirá, porque la luz juzga y desecha a la razón.

El discutir con Dios implica que él tiene que obtener nuestro consentimiento para todo lo que hace. Este es el disparate más grande. Cuando Dios actúa no tiene ninguna obligación de decirnos la razón, porque sus caminos son más altos que los nuestros. Si bajamos a Dios con razonamientos, lo perderemos, porque lo haremos uno de los nuestros. En los razonamientos no tendremos adoración; en cuanto falta la obediencia, se pierde la adoración. Al juzgar a Dios con nuestra razón, nos constituimos a nosotros mismos en dioses. ¿Dónde, pues, está la diferencia entre el alfarero y el barro? ¿Tiene el alfarero que pedir el consentimiento del barro para hacer su trabajo? Ojalá que la gloriosa aparición del Señor ponga fin a todos nuestros razonamientos.

CAPÍTULO 10

Las manifestaciones de la rebelión del hombre (continuación)

3. LOS PENSAMIENTOS

Porque las armas de nuestra milicia no son carnales, sino poderosas en Dios para la destrucción de fortalezas, derribando argumentos y toda altivez que se levanta contra el conocimiento de Dios, y llevando cautivo todo pensamiento a la obediencia a Cristo, y estando prontos para castigar toda desobediencia, cuando vuestra obediencia sea perfecta (1 Corintios 10:4-6).

EL NEXO ENTRE LA RAZÓN Y EL PENSAMIENTO

El hombre manifiesta su rebelión no sólo en la palabra y la razón sino también en el pensamiento. Las palabras rebeldes provienen del razonamiento rebelde y el razonamiento a su vez se origina en el pensamiento. Por eso el pensamiento es el factor dominante de la rebelión.

2 Corintios 10:4-6 es uno de los pasajes más importantes de la Biblia, porque en estos versículos se señala especialmente el aspecto particular del hombre en donde se requiere la obediencia a Cristo. El versículo 5 dice: «Llevando cautivo todo pensamiento a la obediencia a Cristo.» Esto indica que la rebelión del hombre se halla fundamentalmente en su pensamiento.

Pablo indica que debemos destruir argumentos y toda altivez que se levanta contra el conocimiento de Dios. Al hombre le gusta construir argumentos como fortalezas alrededor de su pensamiento; sin embargo, es preciso destruir estos argumentos y llevar cautivo el pensamiento. Los argumentos deben ser desechados; pero el pensamiento, devuelto. En la guerra espiritual, es preciso tomar por asalto las fortalezas antes de poder llevar cautivo el pensamiento. Si no se desechan los argumentos, no hay ninguna posibilidad de llevar el pensamiento del hombre a la obediencia a Cristo.

La palabra «altivez» del versículo 5 es «edificio alto» en el original. Desde el punto de vista de Dios el razonamiento humano es como un rascacielos, que obstruye el conocimiento de Dios. En cuanto un hombre comienza a argumentar, su pensamiento queda sitiado y, por lo tanto, no es libre de obedecer a Dios, puesto que la obediencia es asunto del pensamiento. La razón manifestada exteriormente se convierte en palabras; pero cuando los razonamientos se ocultan adentro sitian el pensamiento y lo dejan incapacitado para obedecer. El hábito de razonar del hombre es tan grave que no puede ser destruido sin batalla.

Con todo, Pablo no usa la razón para luchar contra la razón. La inclinación mental a argumentar debe ser enfrentada con armas espirituales, es decir, con el poder de Dios. Es Dios quien combate contra nosotros, porque nos hemos convertido en sus enemigos. Nuestro hábito mental de razonar es algo Que heredamos del árbol de la ciencia del bien y del mal; pero qué pocos son los que se dan cuenta de cuánta dificultad le ocasionan estas mentes nuestras a Dios. Satanás emplea toda clase de argumentos para esclavizarnos a fin de que, en vez de dejarnos aprehender por Dios, nos convirtamos en enemigos suyos.

Génesis 3 ilustra a 2 Corintios 10 Satanás discutió con Eva, y ella, al ver que el árbol era bueno para comer, respondió con un argumento. No escuchó a Dios, porque tenía sus razones.

Cuando prevalece la razón, el pensamiento del hombre cae en una trampa. La razón y el pensamiento están estrechamente unidos; la primera tiende a capturar al segundo. Y una vez que el pensamiento es capturado, el hombre se siente incapaz de obedecer a Cristo. Por lo tanto, si de veras queremos obedecer a Dios, tenemos que saber cómo la autoridad de Dios destruye a las fortalezas de la razón.

CAPTURANDO DE NUEVO LA MENTE CAUTIVA

En el Nuevo Testamento griego la palabra «noema» (plural, «noemata») se usa seis veces: Filipenses 4:7; 2 Corintios 2:11; 3:14; 4:4; 10:5 y 11:3. Se la ha traducido al castellano por «pensamiento» o «pensamientos», significando «el ardid o los ardides de la mente». La «mente» es la facultad; el «ardid», su acción, el producto de la mente humana. Por la facultad de la mente el hombre piensa y decide libremente y esto representa al hombre mismo. Así que si uno quiere preservar su libertad tiene que decir que todos sus pensamientos son buenos y correctos. No se atreve a exponerlos a la interferencia y, por tanto, tiene que rodearlos de muchos razonamientos. Por eso es que los hombres no creen en el Señor: con mucha frecuencia están aprisionados en la fortaleza de un razonamiento u otro.

Un incrédulo puede decir: «Esperaré hasta que sea bien viejo;» o: «Muchos creyentes no se comportan muy bien. Por lo tanto, yo no puedo creer;» o bien: «Todavía no. Esperaré hasta que mueran mis padres.» De igual modo, hay razones que los creyentes pueden dar para no amar al Señor: los estudiantes pueden decir que están demasiado ocupados en sus lecciones; los hombres de negocios, que están demasiado ocupados en sus negocios; a los indispuestos les parece que su salud física está demasiado mala, y así sucesivamente. A menos que Dios destruya estas fortalezas, los hombres jamás serán libertados. Satanás los aprisiona por medio de las fortalezas de los razonamientos. La mayoría de los hombres están detrás de tantas líneas defensivas que son incapaces de abrirse paso hacia la libertad. Solamente la autoridad de Dios puede llevar cautivo todo pensamiento a la obediencia a Cristo.

Para conocer la autoridad es preciso destruir primero los razonamientos del hombre. Sólo cuando éste comience a ver que Dios es Dios como se afirma en Romanos 9, serán destruidos sus argumentos. Y una vez que sean destruidas las fortalezas de Satanás, no quedará ningún argumento más y los pensamientos del hombre podrán ser llevados cautivos para obedecer a Cristo. Sólo después que sus pensamientos son capturados de nuevo puede un hombre obedecer verdaderamente a Cristo.

Podemos notar si alguien ha tenido o no un encuentro con la autoridad observando si se ha tratado debidamente con sus palabras, razonamientos y pensamientos. Una vez que uno tiene un encuentro con la autoridad de Dios su lengua no se atreve a moverse libremente y sus razonamientos y, más que eso, sus pensamientos ya no se pueden expresar libremente tampoco. De ordinario el hombre tiene numerosos pensamientos, todos fortificados con muchos razonamientos. Pero vendrá un día cuando la autoridad de Dios destruirá todas las fortalezas del razonamiento que ha erigido Satanás, y volverá a capturar los pensamientos del hombre para hacerlo un esclavo voluntario de Dios, después de lo cual ya no pensará independientemente de Cristo; le será enteramente obediente. Esto es liberación completa.

El que no ha tenido un encuentro con la autoridad frecuentemente aspira a ser consejero de Dios. Tal persona no tiene sus pensamientos capturados otra vez por Dios. Adonde vaya, su primer pensamiento consiste en cómo mejorar su situación allí. Sus pensamientos nunca han sido disciplinados; por eso sus razonamientos son tantos y tan seguidos. Tenemos que dejar que el Señor haga una especie de operación quirúrgica en nosotros, para cortar hasta lo más recóndito de nuestros pensamientos, hasta que todos ellos sean llevados cautivos por Dios. Después de eso reconoceremos la autoridad de Dios y no nos atreveremos a razonar ni aconsejar libremente.

El ser humano actúa como si en el universo hubiera dos personas que son omniscientes: Dios y él mismo. ¡Es un consejero que sabe de todo! Tal actitud indica claramente que todavía sus pensamientos tienen que volver a ser capturados, que no sabe nada de la autoridad.

Si yo fuera una persona cuyas fortalezas de razonamientos hubieran sido realmente derribadas por la autoridad de Dios, ya no podría dar consejos ni tendría interés en hacerlo. Mis pensamientos estarían sujetos a Dios y ya no sería una persona libre. (La libertad natural es la base del ataque de Satanás; así que hay que perder el derecho a ella.) Estaría dispuesto a escuchar. Los pensamientos del hombre son controlados por uno u otro de estos dos poderes: el razonamiento o la autoridad de Cristo. En realidad, nadie en este universo puede ejercer libremente su voluntad, porque o es capturado por los razonamientos o es aprehendido por Cristo. Por lo consiguiente, o sirve a Satanás o sirve a Dios.

Si un hermano ha tenido o no un encuentro con la autoridad se puede notar fácilmente observando estas tres cosas: (1) si usa palabras rebeldes; (2) si argumenta delante de Dios; y (3) si todavía da muchas opiniones. La destrucción de los razonamientos es simplemente el aspecto negativo; su consecuencia positiva es llevar cautivos todos los pensamientos de uno a la obediencia a Cristo a fin de que ya no ofrezca su propia opinión independiente. Antes yo tenía muchos argumentos para apoyar mis muchos pensamientos; pero ahora ya no tengo argumentos porque he sido capturado. Un cautivo no tiene libertad; ¿quién presta atención a la opinión de un esclavo? Un esclavo tiene que aceptar los pensamientos de otro, no ofrecer su propia opinión. En consecuencia, los que somos capturados por Cristo estamos dispuestos a aceptar los pensamientos de Dios y no a dar nuestro propio consejo.

ADVERTENCIAS A LOS LLENOS DE OPINIONES ESTRECHAS

1. PABLO

En lo natural, Pablo era una persona ingeniosa, capaz, sabia e inteligente. Siempre podía hallar una manera de hacer las cosas, tenía confianza y servía a Dios con todo entusiasmo. Pero mientras encabezaba a un grupo de gente que se dirigía a Damasco para arrestar a los cristianos de allí fue derribado en tierra por una gran luz. En el acto se desvanecieron todas sus intenciones, hábitos y capacidad. Ni volvió a Tarso ni regresó a Jerusalén. No sólo había abandonado su misión en Damasco sino que también había desechado todos los razonamientos con que la sustentaba.

Muchos hay que cuando se topan con dificultades cambian de dirección, probando primero esta manera y luego aquélla; pero no importa qué hagan, todavía siguen en sus propios caminos e ideas. Son muy necios al no caer después de haber sido golpeados por Dios. Aunque Dios los haya abatido en ese asunto particular, no serán afectados en cuanto a sus razonamientos y pensamientos. Por eso, muchos pueden tener cerrados sus caminos a Damasco, pero persistirán en seguir viaje a Tarso o Jerusalén.

No fue así con Pablo. Una vez que fue golpeado, lo perdió todo. No pudo decir ni pensar en nada. No supo absolutamente nada. «¿Qué haré, Señor?», preguntó. Aquí hallamos a uno cuyos pensamientos han sido llevados cautivos por el Señor y que obedeció desde lo más íntimo de su corazón. Antes, fueran cuales fueran las circunstancias, Saulo de Tarso siempre asumía la dirección; pero ahora, habiendo tenido un encuentro con la autoridad de Dios, se le perdieron a Pablo sus opiniones. La evidencia primaria de que uno ha tenido un encuentro con Dios está en la desaparición de sus opiniones y agudeza. Ojalá le pidamos honestamente a Dios que nos conceda el aturdimiento que produce la luz. Pablo parecía decir: «Soy un hombre a quien Dios volvió a capturar y, por lo tanto, un preso del Señor. Ahora es mi tiempo de escuchar y obedecer, no de pensar y decidir.»

2. El Rey Saúl

El rey Saúl fue rechazado por Dios, no por robar, sino por perdonar a lo mejor de las ovejas y de los bueyes para ofrecer un sacrificio al Señor. Esto fue algo que provino de su propio parecer. de sus propios pensamientos de cómo agradar a Dios. Su rechazo se debió a que sus pensamientos no habían sido capturados por Dios. Nadie podría decir que el rey Saúl no era celoso en su servicio a Dios. No mintió, puesto que en realidad había perdonado a lo mejor del ganado mayor y de las ovejas. Pero había tomado una decisión según su propio parecer (véase 1 Samuel 15).

La conclusión es clara: todos los que sirven a Dios deben abstenerse terminantemente de tomar decisiones en base a sus propios pensamientos; al contrario, deben hacer la voluntad de Dios. A la expectativa, deben decir: «Señor, ¿qué quieres que yo haga?» Decir más sería totalmente impropio.

El obedecer es mejor que los sacrificios. Los hombres no tienen absolutamente ningún derecho de aconsejar a Dios.

Cuando el rey Saúl vio a esas ovejas y ganado mayor, quiso perdonarlos para ofrecerlos en sacrificio. Puede que su corazón hubiera estado allegado a Dios; sin embargo, Saúl era deficiente en el espíritu de obediencia. Un corazón allegado a Dios no puede reemplazar a la actitud de no atreverse a decir nada; una ofrenda de animales engordados no puede sustituir al hecho de no dar ninguna opinión. Porque el rey Saúl rehusó destruir a todos los amalecitas con sus ovejas y ganado mayor como Dios había mandado, tuvo que ser muerto por un amalecita, terminando de este modo su gobierno. Todos los que, basados en su propio parecer, perdonen a los amalecitas serán muertos finalmente por un amalecita.

3. Nadab y Abiú

Nadab y Abiú se rebelaron en el asunto de la ofrenda, porque no estaban sujetos a la autoridad de su padre. Ellos trataron de aplicar sus propios pensamientos. De este modo pecaron contra Dios ofreciendo fuego extraño; así también ofendieron la administración de Dios. Aunque no hablaron una sola palabra ni dieron razones, quemaron, sin embargo, incienso según su propia opinión y parecer. Tal servicio lo consideraban como hacer algo bueno, y si erraban, sólo sería errar en materia de hacer algo bueno, a saber, servir a Dios. Ellos creían que tal pecado era insignificante; pero ignoraban que Dios los rechazaría al instante y que los castigaría con la muerte.

El testimonio del reino se da por medio de la obediencia

Dios no mira con cuánto fervor predicamos el evangelio ni con qué buena voluntad sufrimos por él; más bien parece mirar qué obedientes somos. El reino de Dios comienza cuando hay absoluta obediencia a Dios, cuando no se da ninguna opinión ni se esgrimen argumentos ni se murmura ni se denigra. Desde la creación del mundo Dios está esperando que llegue este glorioso día. Aunque tiene a su Hijo primogénito, quien es las primicias de la obediencia, espera, sin embargo, que sus muchos hijos sean como el Primogénito. Dondequiera que haya en esta tierra una iglesia que de veras obedezca a la autoridad de Dios, allí estará también el testimonio del reino y allí será derrotado, asimismo, Satanás. Satanás no tiene temor de lo que hagamos con tal que actuemos según el principio de la rebelión. Lo único que hace es reírse en secreto cuando hacemos las cosas según nuestras propias ideas.

La ley mosaica establecía que el arca debía ser llevada por los levitas; pero los filisteos la devolvieron poniéndola en una carreta tirada por dos vacas. David, al transportar el arca a su ciudad, no consultó a Dios. En vez de eso, actuó según su propio parecer y ordenó que el arca fuera llevada en una carreta. Pero los bueyes tropezaron y el arca comenzó a caer. En ese momento Uza extendió su mano al arca de Dios y la sostuvo. En el acto cayó muerto, herido por la mano de Dios. Aun cuando el arca no hubiera caído, no estaba sobre los hombros de los levitas, que era donde debía estar, sino en una carreta. En una época anterior, cuando los levitas llevaron el arca a través del río Jordán, ésta estuvo bien segura a pesar del desbordamiento del río. El contraste nos muestra que Dios quiere que le obedezcamos, no que le indiquemos cuáles son nuestras ideas. Dios tiene que despojarnos antes de poder hacer su voluntad sin interferencia alguna. Si introducimos los pensamientos del hombre, el camino del servicio quedará cerrado para siempre. Es preciso que Dios gobierne, y que los hombres no den consejos.

En consecuencia, hay que desechar totalmente los pensamientos del hombre. En tiempos pasados hallábamos la libertad en vivir por nosotros mismos; ahora hallamos la verdadera libertad en el hecho de que Dios capturó de nuevo nuestros pensamientos a la obediencia a Cristo. Al perder nuestra libertad, ganamos la verdadera libertad en el Señor.

«*Y estando prontos para castigar toda desobediencia, cuando vuestra obediencia sea perfecta*» (2 Corintios 10:6). La obediencia perfecta sólo es posible después de volver a capturar los pensamientos. Ninguno que todavía tiene la tendencia de darle consejos a Dios es plenamente obediente. El Señor está listo para castigar toda desobediencia cuando nuestra obediencia es perfecta. Si como compañía de creyentes podemos convertirnos tan completamente como para obedecer a Dios en forma absoluta, teniendo temor de nuestras propias ideas y opiniones, entonces sí que podrá Dios manifestar su autoridad la tierra. ¿Cómo podemos esperar que el mundo sea obediente si la iglesia no obedece? Una iglesia desobediente no puede esperar que los incrédulos obedezcan al evangelio. Pero con una iglesia obediente llegará también la obediencia al evangelio.

Es menester que todos aprendamos a aceptar la disciplina para que nuestra boca, nuestra mente y nuestro corazón sean tan instruidos como para no hablar descuidadamente, ni argumentar ni dar consejos. El camino de la gloria está por delante de nosotros. Dios manifestará su autoridad en esta tierra.

CAPÍTULO 11

La medida de la obediencia a la autoridad

Por la fe Moisés, cuando nació, fue escondido por sus padres por tres meses, porque le vieron niño hermoso, y no temieron el decreto del rey (Hebreos 11:23).

Pero las parteras temieron a Dios, y no hicieron como les mandó el rey de Egipto, sino que preservaron la vida a los niños (Éxodo 1:17).

He aquí nuestro Dios a quien servimos puede librarnos del horno de fuego ardiendo; y de tu mano, oh rey, nos librará. Y si no, sepas, oh rey, que no serviremos a tus dioses, ni tampoco adoraremos la estatua que has levantado (Daniel 3:17-18).

Cuando Daniel supo que el edicto había sido firmado, entró en su casa, y abiertas las ventanas de su cámara que daban hacia Jerusalén, se arrodillaba tres veces al día, y oraba y daba gracias delante de su Dios, como lo solía hacer antes (Daniel 6:10.)

Después que partieron ellos, he aquí un ángel del Señor apareció en sueños a José y dijo: Levántate, y toma al niño y a su madre, y huye a Egipto, y permanece allá hasta que yo te diga; porque acontecerá que Herodes buscará al niño para matarlo (Mateo 2:13).

Respondiendo Pedro y los apóstoles, dijeron: Es necesario obedecer a Dios antes que a los hombres (Hechos 5:29).

La sumisión es absoluta; pero la obediencia, relativa

La sumisión es cuestión de actitud, mientras que la obediencia es asunto de conducta. Pedro y Juan respondieron al concilio judío: «Juzgad si es justo delante de Dios obedecer a vosotros antes que a Dios» (Hechos 4:19). Su actitud no era rebelde, puesto que todavía se sometían a los que estaban en autoridad. La obediencia, sin embargo puede no ser absoluta. A algunas autoridades es necesario obedecer; mientras que a otras no, especialmente en materias que atañen a los principios cristianos, tales como creer en el Señor, predicar el evangelio, y otras. Los hijos pueden hacer sugerencias a sus padres; pero no deben mostrar una actitud rebelde. La sumisión debe ser absoluta. A veces la obediencia es sumisión, mientras que otras veces la incapacidad de obedecer puede aún ser sumisión. Aun al hacer una sugerencia, debemos mantener una actitud sumisa.

Hechos 15 sirve como un buen ejemplo de una iglesia en sesión. Durante la sesión puede haber sugerencias y debates pero una vez que se adopta una decisión todos deben aprender a someterse.

La medida de la obediencia a las autoridades delegadas

Si los padres se niegan a permitir que sus hijos se junten con los santos, los hijos deben mantener una actitud sumisa, aunque tal vez no sea necesario que obedezcan. Esto es similar a la forma en que los apóstoles respondieron al concilio judío.Cuando el concilio les prohibió que predicaran el evangelio, mantuvieron un espíritu sumiso durante todo el juicio; no obstante, siguieron con la comisión del Señor. No desobedecieron con riñas y gritos; tan sólo disintieron serena y suavemente. No hubo absolutamente ninguna palabra calumniosa ni ninguna actitud insubordinada hacia las autoridades gobernantes. Quien conozca la autoridad será manso y tierno. Será perfectamente sumiso tanto en su corazón, en su actitud, como en sus palabras. No habrá señales de aspereza ni de rebelión.

Cuando la autoridad delegada (los hombres que representan a la autoridad de Dios) y la autoridad directa (Dios mismo) están en conflicto, podemos rendir sumisión pero no obediencia a la autoridad delegada. Resumamos esto en los tres puntos siguientes:

1. La obediencia tiene relación con la conducta: es relativa. La sumisión tiene relación con la actitud del corazón: es absoluta.

2. Sólo Dios recibe la obediencia absoluta sin medida; toda persona inferior a Dios sólo puede recibir obediencia limitada.

3. Si la autoridad delegada expide una orden que contradice claramente el mandamiento de Dios, se le rendirá sumisión pero no obediencia. Debemos someternos a la persona que ha recibido la autoridad delegada de Dios, pero tenemos que desobedecer la orden que ofende a Dios.

Si sus padres quieren que ustedes, como hijos suyos, vayan a cierta parte donde como creyentes preferirían no ir (pero no a un lugar donde estaría implicada la cuestión del pecado), el asunto es susceptible de discusión. La sumisión es absoluta, mientras que la obediencia puede ser materia de consideración.

Si sus padres los obligan a ir, vayan. Pero si no insisten, ustedes son libres, entonces, de no ir. Dios los librará de esas circunstancias si como hijos mantienen una actitud correcta.

Ejemplos en la Biblia

l. Tanto las parteras como la madre de Moisés desobedecieron el decreto de Faraón al preservar la vida a Moisés. Sin embargo, se las consideró mujeres de fe.

2. Los tres amigos de Daniel se negaron a adorar la estatua de oro levantada por el rey Nabucodonosor. Desobedecieron la orden del rey, pero se sometieron al fuego del rey.

3. Desobedeciendo el decreto real, Daniel oraba a Dios; sin embargo, se sometió al juicio del rey al ser arrojado en el foso de los leones.

4. José tomó al Señor Jesús y huyó a Egipto para evitar que el rey Herodes le diera muerte al niño.

5. Pedro predicaba el evangelio, aunque esto era contrario al mandamiento del consejo gobernante; pues dijo que era justo obedecer a Dios antes que a los hombres. Con todo, él mismo se dejó llevar a la cárcel.

Señales indispensables que acompañan a los obedientes

¿Cómo podemos discernir si una persona es obediente a la autoridad? Por las siguientes señales:

1. Una persona que ha conocido la autoridad procurará, desde luego, hallar la autoridad adondequiera que vaya. El lugar donde se puede aprender la obediencia es la iglesia, ya que en este mundo no existe realmente la obediencia. Solamente los creyentes pueden obedecer, y ellos también deben aprender a hacerlo, no aparentemente, sino de corazón. Pero una vez que haya aprendido esta lección de obediencia, el creyente buscará y hallará la autoridad por todas partes.

2. Una persona que ha tenido un encuentro con la autoridad de Dios es mansa y tierna. Ha sido ablandada y no puede ser dura. Tiene temor de estar equivocada y, por lo tanto, es apacible.

3. Una persona que de veras ha tenido un encuentro con la autoridad jamás quiere estar en autoridad. Tampoco tiene la preocupación ni el interés de llegar a ser una autoridad. No se complace en dar consejos ni en dominar a otros. La persona verdaderamente obediente tiene siempre temor de cometer un error. Pero ¡ah, cuántos hay que aún aspiran a ser consejeros de Dios! Sólo los que no conocen la autoridad son los que desean ser autoridades.

4. Una persona que ha tenido contacto con la autoridad mantiene la boca cerrada. Está en sujeción, y no se atreve a hablar descuidadamente porque en ella hay un sentido de autoridad.

5. Una persona que ha estado en contacto con la autoridad es sensible a todo acto de anarquía y rebelión que le rodee. Ve cómo el principio de la anarquía ha llenado la tierra y hasta la iglesia. Sólo los que han tenido una experiencia con la autoridad pueden guiar a otros a la obediencia. Los hermanos deben aprender a obedecer a la autoridad; de otro modo la iglesia no tendrá ningún testimonio en la tierra.

EL MANTENIMIENTO DEL ORDEN RESIDE EN EL CONOCIMIENTO DE LA AUTORIDAD

A menos que los hombres se pongan en vívido contacto con la autoridad, es imposible establecer la obediencia y la autoridad que se originan en el principio de obediencia a la autoridad. Por ejemplo, si usted pone a dos perros juntos es inútil que trate de establecer a uno de ellos por autoridad y al otro por el que obedezca. Sólo un vívido contacto con la autoridad puede resolver los problemas que resultan de la falta de obediencia a la autoridad. Y en cuanto ofendamos a la autoridad, nos daremos cuenta inmediatamente de que hemos ofendido a Dios. Es inútil señalar un error a quien nunca ha visto la autoridad. No; primero hay que llevarlo a conocer la autoridad y luego uno puede mostrarle su falta. Sin embargo, al ayudar a otros debemos cuidarnos de no caer también en su rebelión.

Ahora bien, ¿fue bueno que Martín Lutero se levantara para hablar en defensa del principio fundamental de la justificación por la fe? Sí; porque estaba obedeciendo a Dios al apoyar la verdad. De igual modo es propio que también nosotros apoyemos la verdad, tal como el testimonio de la unidad de la iglesia local, dejando atrás el asunto denominacional.

Hemos visto el cuerpo de Cristo y también la gloria de Cristo; así que no podemos tomar sobre nosotros otro nombre que el de Cristo. El nombre del Señor es importante. ¿Por qué no decimos «salvo por la sangre» sino más bien «salvo por el nombre del Señor»? Porque el nombre del Señor habla también de su resurrección y ascensión. «Porque no hay otro nombre bajo el cielo, dado a los hombres, en que podamos ser salvos» (Hechos 4:12). Somos bautizados en el nombre del Señor y también nos congregamos en su nombre. Por lo tanto, la cruz y la sangre no pueden por sí solas resolver el problema de las denominaciones. Pero una vez que hemos visto la gloria del Señor ascendido ya no podemos insistir en tener otro nombre que no sea el del Señor. Entonces sólo podemos ensalzar el nombre del Señor, rehusando cualquier otro nombre. Las denominaciones organizadas de hoy son una afrenta a la gloria del Señor.

LA VIDA Y LA AUTORIDAD

La iglesia se mantiene por dos elementos esenciales: la vida y la autoridad. La vida que hemos recibido y mora en nosotros es una vida de sumisión, la cual nos capacita para obedecer a la autoridad. Las dificultades que hay dentro de la iglesia raras veces tienen que ver con materias de desobediencia manifiesta; en su mayor parte se relacionan con la falta de sumisión interior. Pero el principio rector de nuestra vida debe ser la sumisión, así como el de las aves es volar y el de los peces, nadar.

«La unidad de la fe y del conocimiento del Hijo de Dios» que se halla en Efesios 4:13 parece estar aún muy lejos; pero si hemos conocido la autoridad no está realmente tan lejos. Los santos pueden poseer diferentes opiniones y todavía no haber insubordinación, porque aun con diferentes opiniones podemos, sin embargo, someternos unos a otros. Así somos uno en la fe.

Hoy ya tenemos la vida y hemos estado en contacto con algo del principio rector de esa vida; así que, si Dios tiene misericordia de nosotros, sigamos adelante con rapidez. La vida que hemos recibido no es tan sólo para tratar con el pecado, el lado negativo; sino más para obedecer, el lado positivo y vital. Cuando nos deje el espíritu de rebelión, entonces sí que se restaurará rápidamente el espíritu de obediencia en la iglesia y entonces también se anunciará el comienzo del sublime estado de Efesios 4. Si todas las iglesias locales van por este camino de obediencia, ciertamente aparecerá ante nuestros ojos el glorioso hecho de la unidad de la fe.

SEGUNDA PARTE

LAS AUTORIDADES DELEGADAS

CAPÍTULO 12

Los que Dios considera autoridades delegadas

EL OBEDECER A LAS AUTORIDADES DELEGADAS Y EL SER AUTORIDADES DELEGADAS

Los hijos de Dios debieran no sólo reconocer a la autoridad sino también buscar a aquellos a quienes deben obedecer. El centurión le habló al Señor Jesús, diciendo: «Porque también yo soy hombre bajo autoridad, y tengo bajo mis órdenes soldados» (Mateo 8:9). Era de veras un hombre que conocía la autoridad. Hoy día, así como Dios sustenta todo el universo con su autoridad, de la misma manera también junta a sus hijos por medio de su autoridad. Si alguno de sus hijos es independiente y confiado en sí mismo, y no está sujeto a la autoridad delegada de Dios, el tal no podrá jamás realizar la obra de Dios en la tierra. Es necesario que todos y cada uno de los hijos de Dios busquen alguna autoridad a la cual obedezcan para que estén bien coordinados con otros. Desgraciadamente, sin embargo, muchos han fracasado en este punto.

¿Cómo podremos creer si no sabemos a quién creer? ¿Cómo podremos amar si no sabemos a quién amar? ¿O cómo, pues, podremos obedecer si no sabemos a quién obedecer? Pero en la iglesia hay muchas autoridades delegadas a quienes les debemos sumisión Al someternos a ellas nos sometemos a Dios.

No debemos escoger a quién vamos a obedecer, sino antes debemos aprender a someternos a todas las autoridades gobernantes.

No hay nadie que sea apto para ser autoridad delegada de Dios a menos que primero sepa estar bajo autoridad. Nadie sabe ejercer la autoridad hasta que ha tratado con su propia rebelión. Los hijos de Dios no son un montón de hilado o una multitud mixta. Si no hay testimonio de autoridad, no hay iglesia ni obra. Esto presenta un serio problema, y es imprescindible que aprendamos a someternos unos a otros y a las autoridades delegadas.

TRES REQUISITOS PARA SER AUTORIDAD DELEGADA

Además de un conocimiento personal de la autoridad y una vida vivida bajo autoridad, la autoridad delegada de Dios necesita llenar los tres requisitos principales siguientes:

1. Debe saber que toda autoridad viene de Dios. Toda persona llamada a ser autoridad debe recordar que «no hay autoridad sino de parte de Dios, y las que hay, por Dios han sido establecidas» (Romanos 13:1). Ella misma no es la autoridad ni nadie puede hacerse autoridad. Sus opiniones, ideas y pensamientos no son mejores que los de los demás. Son totalmente sin valor. Tan sólo lo que viene de Dios constituye autoridad y ordena la obediencia del hombre. Una autoridad delegada tiene que representar a la autoridad de Dios; nunca debe presumir que también tiene autoridad.

Nosotros mismos no tenemos ni la más mínima autoridad en el hogar, en el mundo ni en la iglesia. Todo lo que podemos hacer es ejercer la autoridad de Dios; no podemos crear autoridad por nosotros mismos. El policía y el juez ejercen autoridad y hacen cumplir la ley; pero ellos mismos no escriben la ley. De igual modo, lo que están puestos en autoridad en la iglesia representan simplemente la autoridad de Dios. Su autoridad se debe a que están en una capacidad representativa, no a que en sí mismos tengan algún mérito más excelente que los demás.

El que uno esté en autoridad no depende de que tenga ideas y pensamientos; más bien depende de que conozca la voluntad de Dios. La medida del conocimiento que uno tenga de la voluntad de Dios será la medida de su autoridad delegada. Dios establece que una persona sea su autoridad delegada exclusivamente en base al conocimiento que tenga esa persona de la voluntad de Dios. No tiene absolutamente nada que ver con tener muchas ideas, buenas opiniones o pensamientos nobles. En realidad, esas personas que son fuertes en sí mismas son de temer dentro de la iglesia.

Muchos hermanos jóvenes son indoctos todavía, ya que no conocen la voluntad de Dios; por eso Dios los ha puesto bajo autoridad. Los que están en autoridad son responsables de instruir en el conocimiento de la voluntad de Dios a los que son más jóvenes. Sin embargo, en todos y cada uno de los tratos con ellos es imperativo que la autoridad delegada sepa, sin lugar a dudas, cuál es la voluntad del Señor en ese caso particular. Entonces puede actuar con autoridad como representante y ministro de Dios. Fuera de tal conocimiento, no tiene ninguna autoridad de exigir obediencia.

Nadie puede ser autoridad delegada de Dios a menos que haya aprendido a obedecer a la autoridad de Dios y entender su voluntad. Por ejemplo, si un hombre representa a cierta compañía en la negociación de un contrato comercial, antes de firmar el contrato debe consultar primero con su gerente general; él no puede firmar independientemente el contrato. De igual modo, el que actúa como autoridad delegada de Dios tiene que conocer primero la voluntad y el camino de Dios antes de poder poner en vigor la autoridad. No puede dar a los hermanos una orden que Dios no ha dado. Si les dijera a los demás lo que tienen que hacer y, no obstante, se negara a permitir que Dios confirmara esto, se estaría representando a sí mismo y no a Dios. Por eso se le requiere que primero co-

nozca la voluntad de Dios y después actúe en nombre de Dios
Entonces, su acción recibirá la aprobación divina. Únicamente el dictamen reconocido por Dios tiene autoridad; todo lo
que procede del hombre es totalmente carente de autoridad,
porque sólo puede representar al hombre mismo.

Por esta razón debemos aprender a elevarnos y a profun-
dizar en las cosas espirituales. Necesitamos tener más conocimientos de la voluntad y del camino de Dios. Debemos ver lo
que otros no han visto y lograr lo que otros no han logrado.
Lo que hacemos debe provenir de lo que hemos aprendido delante de Dios, y lo que decimos tiene que ser el resultado de las
experiencias que hemos tenido con él. No hay más autoridad
que Dios. Si nada hemos visto delante de Dios, no tenemos absolutamente ninguna autoridad delante de los hombres. Toda
autoridad depende de lo que hayamos aprendido delante de
Dios. No pensemos que porque somos más viejos podemos
reprimir a los que son más jóvenes, que porque somos hermanos podemos oprimir a las hermanas, o que porque somos
irascibles podemos dominar a los tardos para airarse. El tratar
de hacer esto no dará resultado alguno. Todo el que desee que
otros se sometan a la autoridad debe aprender primero a conocer la autoridad de Dios.

2. Debe negarse a sí mismo. Mientras no conozcamos la voluntad de Dios, debemos guardar silencio. No debemos ejercer
   la autoridad descuidadamente. EL que ha de representar a
   Dios tiene que aprender, en lo positivo, a conocer lo que es
   la autoridad de Dios; y en lo negativo, a negarse a sí mismo. Ni Dios ni los hermanos van a tener en gran estima sus
   pensamientos. Es probable que usted mismo sea la única
   persona en todo el mundo que considere que su opinión es
   la mejor. Son de temer las personas que tienen muchas opiniones, ideas y pensamientos subjetivos. Quieren ser consejeros en todo. Se aprovechan de todas las oportunidades

para imponer sus ideas en otros. Dios nunca podrá utilizar a una persona tan llena de opiniones, ideas y pensamientos para representar su autoridad. Por ejemplo, ¿quién emplearía jamás a un derrochador para que le lleve sus cuentas? El hacerlo sería provocarse intensos sufrimientos. Tampoco emplearía Dios a un hombre de muchas opiniones para que fuera su autoridad delegada, ya que también sufriría perjuicios.

Salvo que seamos completamente quebrantados por el Señor, no somos aptos para ser autoridades delegadas de Dios. El nos llama a representar su autoridad, no a sustituirla. Dios es soberano en su personalidad y posición. Su voluntad es la suya. Jamás consulta al hombre ni permite que nadie sea su consejero. En consecuencia, uno que representa a la autoridad no dcbe ser una persona subjetiva.

Esto no significa pretender que antes que una persona pueda se usada por Dios tiene que ser reducida al estado de no tener opiniones, ni pensamientos, ni juicio. De ningún modo. Simplemente significa que el hombre debe ser verdaderamente quebrantado; su inteligencia, sus opiniones y sus pensamientos: todos deben ser quebrantados. Los que por naturaleza son locuaces, testarudos y presumidos necesitan un tratamiento radical, un cambio básico. Esto es algo que no puede ser ni doctrina ni imitación, deben ser heridas en la carne. Sólo después de ser azotados por Dios comenzamos a vivir en temor y temblor delante de él. Ya no nos atrevemos a abrir la boca descuidadamente. Si muestra experiencia no es más que doctrina o imitación, con el transcurso del tiempo se secaran las hojas de higuera (Génesis 3:7) y reaparecerá nuestro estado original. Es inútil que nos dominemos por nuestra propia voluntad. En nuestro mucho hablar pronto nos olvidamos de nosotros mismos y exponemos nuestro verdadero yo. ¡Cuánto necesitamos morir ante la luz de Dios! Como

Balaam en Números 22:25, necesitamos ser empujados contra la pared y tener nuestro pie apretado. Entonces sentiremos dolor al movernos y no nos atreveremos a hablar ociosamente. No es necesario aconsejarle que camine despacio a uno que se ha apretado un pie. Sólo con experiencias tan dolorosas como ésta seremos librados de nosotros mismos.

Como autoridades delegadas no debemos expresar nuestras propias opiniones ni desear intervenir en los asuntos de los demás. Algunos parecen considerarse a sí mismos como ministros de la corte suprema. Pretenden saber todo lo de la iglesia y del mundo. Tienen lista una opinión de todos y de todo, dispensando libremente sus enseñanzas como si fueran el evangelio. Una persona subjetiva nunca ha aprendido la disciplina ni jamás se ha tratado seriamente con ella. Lo sabe todo y puede hacer de todo. Sus opiniones y métodos son tan innumerables como los muchos artículos de una tienda de abarrotes. Tal persona es básicamente incompetente para ser autoridad, porque el requisito básico para ser autoridad delegada de Dios es no abrigar ningún pensamiento ni opinión en la mente.

3. Debe mantenerse en comunión constante con el Señor. Los que son autoridades delegadas de Dios tienen que mantenerse en estrecha comunión con él. No solo debe haber comunicación sino también comunión.

Todo aquel que expresa opiniones libremente y habla sin cuidado en el nombre del Señor está muy lejos de Dios. El que menciona casualmente el nombre de Dios sólo demuestra lo lejos que se halla de él. Los que están cerca de Dios tienen un temor piadoso; saben lo contaminador que es expresar descuidadamente sus propias opiniones.

La comunión es, por lo tanto, otro requisito principal del que está en autoridad. Cuanto más cerca estamos del Señor, con tanta más claridad vemos nuestras propias faltas. Habiéndonos enfrentado a Dios, no nos atrevemos de allí en adelante a hablar con tanta firmeza. No tenemos confianza en la carne; comenzamos a tener miedo de errar. Por otra parte, los que hablan descuidadamente se exponen a alejarse de Dios.

No se puede aparentar tener temor de Dios; sólo poseen esta virtud los que siempre esperan en el Señor. Aunque había oído mucho, no fue hasta que llegó a la presencia de Salomón que la reina de Sabá se quedó asombrada. Pero tenemos ante nosotros a uno mayor que Salomón. Debiéramos estar atónitos, esperando a la puerta como siervos, reconociendo que ciertamente no sabemos nada. No hay nada más grave que el que un siervo de Dios hable descuidadamente antes de conocer la voluntad de Dios. ¡Qué problema creamos cuando emitimos un juicio antes de estar seguros con respecto a la voluntad del Señor!

«Respondió entonces Jesús, y les dijo: *De cierto, de cierto os digo: No puede el Hijo hacer nada por sí mismo, sino lo que ve hacer al Padre; porque todo lo que el Padre hace, también lo hace el Hijo igualmente... No puedo yo hacer nada por mí mismo; según oigo, así juzgo; y mi juicio es justo, porque no busco mi voluntad, sino la voluntad del que me envió*» (Juan 5:19,30). Así también nosotros debemos aprender a escuchar, a conocer y a entender. Y esto sólo puede ocurrir mediante la íntima comunión con el Señor. Solamente los que viven en la presencia de Dios y aprenden de él, son competentes para hablar ante los hermanos. Sólo ellos saben qué hacer cuando hay dificultades entre los hermanos o surgen problemas en la iglesia.

Voy a hablar con franqueza: el problema de hoy consiste en que muchos de los siervos de Dios son demasiado osados, o demasiado estrictos o demasiado arrogantes. ¡Se atreven a decir cosas que no han oído de Dios! Pero ¿con qué autoridad habla usted así? ¿Quién le dio autoridad? ¿Qué lo hace diferente de otros hermanos? ¿Qué autoridad tiene usted si no está seguro de que lo que dice es palabra de Dios?

La autoridad es esencialmente representativa, no inherente. Esto significa que debemos vivir en la presencia de Dios, aprendiendo y siendo heridos para no proyectarnos en ella. Jamás debiéramos equivocarnos y considerarnos autoridad. Sólo Dios tiene autoridad; nadie más la posee. Cuando la autoridad pasa de Dios hacia mí, puede entonces pasar de mí hacia otros. Lo que me hace diferente de otros es Dios y no yo mismo.

Por eso debemos aprender a temer a Dios y abstenernos de hacer las cosas descuidadamente. Debemos reconocer que no somos diferentes de otros hermanos. Ya que así lo ha dispuesto Dios para que hoy aprenda a ser su autoridad delegada, debo vivir en la presencia de Dios, comunicarme de continuo con él y procurar conocer su propósito. A menos que haya visto algo allí en la presencia de Dios, no tendré nada que decirles aquí a los hombres.

¿Por qué usamos la palabra «comunión»? Porque debemos vivir continuamente en la presencia del Señor, no sólo de vez en cuando. Cada vez que nos apartamos de Dios, cambia la índole de nuestra autoridad. Quiera Dios tener misericordia de nosotros para que vivamos para siempre delante de él y le temamos.

Estos son los tres requisitos principales de una autoridad delegada. Puesto que la autoridad es de Dios, no tenemos nada de ella en nosotros; no somos más que representantes. Puesto que la autoridad no es nuestra, no debemos ser subjetivos en nuestra actitud. Y puesto que la autoridad viene de Dios, debemos vivir en comunión con él. Si se interrumpe la comunión, cesa también la autoridad.

Jamás trate de establecer su propia autoridad

La autoridad ha sido establecida por Dios; por lo tanto, ninguna autoridad delegada necesita tratar de asegurar su autoridad. No insista en que otros le escuchen. Si yerran, déjelos errar; si no se someten, déjelos ser insubordinados; si insisten en seguir su propio camino, deje que lo sigan. Una autoridad delegada no debe disputar con los hombres. ¿Por qué debo exigir que me escuchen si no soy ninguna autoridad establecida de Dios? Por otra parte, si he sido establecido por Dios, ¿tengo que temer que los hombres no se sometan? Todo aquel que rehusa oírme, desobedece a Dios. No es necesario que yo obligue a la gente a escuchar. Dios es mi apoyo; ¿por qué, pues, debo temer? Jamás debiéramos decir ni siquiera una palabra a favor de nuestra autoridad; antes, démosle a la gente su libertad. Cuanto más nos da Dios, tanto más libertad le concedemos a la gente. Los que tienen sed del Señor vendrán a nosotros. Es muy denigrante hablar a favor de nuestra propia autoridad o tratar de establecer nosotros mismos la autoridad.

Aunque David fue ungido por Dios y designado como futuro rey, por largos años permaneció bajo la mano de Saúl. No extendió su mano para instituir su propia autoridad. De igual modo, si alguna vez Dios lo designa a usted como autoridad, también debe ser capaz de soportar la oposición de otros. Pero si usted no es una persona establecida por Dios, todo esfuerzo suyo por establecer su autoridad será penoso e inútil.

No me gusta oír que algunos maridos les dicen a sus esposas: «Yo soy la autoridad establecida de Dios; así que tienes que escucharme»; tampoco me complazco en oír que los ancianos de la iglesia les digan a los hermanos: «Yo soy la autoridad designada por Dios.» Amado hermano, jamas trate de establecer su propia autoridad. Si Dios lo escoge, recíbalo con humildad; si Dios no lo llama, ¿por qué tiene que, luchar?

Cualquier intento por constituirse uno mismo en autoridad debe ser totalmente erradicado de entre nosotros. Que establezca Dios su autoridad, y nadie trate de establecer la suya propia. Si Dios realmente lo designa como autoridad, usted tiene dos alternativas ante sí: o desobedece y retrocede espiritualmente, u obedece y recibe gracia.

Cuando sea sometida a prueba la autoridad delegada que se le ha confiado, no haga nada. No tenga prisa, luche o hable en favor de sí mismo. Los que se rebelan no se rebelan contra usted, sino contra Dios. Pecan contra la autoridad de Dios, no contra la suya. La Persona a quien así deshonran, critican y se oponen no es usted. Si su autoridad es realmente de Dios, los que se opongan encontrarán interceptada su trayectoria espiritual; no habrá más revelación para ellos. ¡El gobierno de Dios es un asunto muy serio! ¡Ojalá sea Dios indulgente con nosotros para que sepamos lo que es la autoridad, temiendo a Dios y desconfiando de nosotros mismos!

CAPÍTULO 13

La principal credencial de las autoridades delegadas: La revelación

Apacentando Moisés las ovejas de Jetro su suegro, sacer-dote de Madián, llevó las ovejas a través del desierto, y llegó hasta Horeb, monte de Dios. Y se le apareció el Angel de Jehová en una llama de fuego en medio de una zarza; y él miró, y vio que la zarza ardía en fuego, y la zarza no se consumía. Enton-ces Moisés dijo: Iré yo ahora y veré esta grande visión, por qué causa la zarza no se quema. Viendo Jehová que él iba a ver, lo llamó Dios de en medio de la zarza, y dijo: ¡Moisés, Moisés! Y él respondió: Heme aquí. Y dijo: No te acerques; quita tu calza-do de tus pies, porque el lugar en que tú estás, tierra santa es. Y dijo: Yo soy el Dios de tu padre, Dios de Abraham, Dios de Isaac, y Dios de Jacob. Entonces Moisés cubrió su rostro, porque tuvo miedo de mirar a Dios. Dijo luego Jehová: Bien he visto la aflicción de mi pueblo que está en Egipto, y he oído su clamor a causa de sus exactores; pues he conocido sus angustias, y he descendido para librarlos de mano de los egipcios, y sacarlos de aquella tierra a una tierra buena y ancha, a tierra que fluye leche y miel, a los lugares del cananeo, del heteo, del amorreo, del ferezeo, del heveo y del jebuseo. El clamor, pues, de los hijos de Israel ha venido delante de mí, y también he visto la opresión con que los egipcios los oprimen. Ven, por tanto, ahora, y te en-viaré a Faraón, para que saques de Egipto a mi pueblo, los hijos de Israel. Entonces Moisés respondió a Dios: ¿Quién soy yo para que vaya a Faraón, y saque de Egipto a los hijos de Israel? Y él respondió: Vé, porque yo estaré contigo; y esto te será por señal de que yo te he enviado: cuando hayas sacado de Egipto al pueblo, serviréis a Dios sobre este monte (Exodo 3:1-12).

María y Aarón hablaron contra Moisés a causa de la mujer cusita que había tomado; porque él había tomado mujer cusita. Y dijeron: ¿Solamente por Moisés ha hablado Jehová? ¿No ha hablado también por nosotros ? Y lo oyó Jehová. Y aquel varón Moisés era muy manso, más que todos los hombres que había sobre la tierra. Luego dijo Jehová a Moisés, a Aarón ? y a María: Salid vosotros tres al tabernáculo de reunión. Y salieron ellos tres. Entonces Jehová descendió en la columna de la nube, y se puso a la puerta del tabernáculo, y llamó a Aarón y a María; y salieron ambos. Y él les dijo: Oíd ahora mis palabras. Cuando haya entre vosotros profeta de Jehová, le apareceré en visión, en sueños hablaré con él. No así a mi siervo Moisés, que es fiel en toda mi casa. Cara a cara hablaré con él , y claramente, y no por figuras; y verá la apariencia de Jehová; ¿Por qué, pues, no tuvisteis temor de hablar contra mi siervo Moisés? Entonces la ira de Jehová se encendió contra ellos; y se fue. Y la nube se apartó del tabernáculo, y he aquí que María estaba leprosa como la nieve; y miró Aarón a María, y he aquí que estaba leprosa. Y dijo Aarón a Moisés: ¡Ah! señor mío, no pongas ahora sobre nosotros este pecado; porque locamente hemos actuado, y hemos pecado. No quede ella ahora como el que nace muerto, que al salir del vientre de su madre, tiene ya medio consumida su carne. Entonces Moisés clamó a Jehová, diciendo: Te ruego, oh Dios, que la sanes ahora. Respondió Jehová a Moisés: Pues si su padre hubiera escupido en su rostro, ¿no se avergonzaría por siete días? Sea echada fuera del campamento por siete días, y después volverá a la congregación. Así María fue echada del campamento siete días; y el pueblo no pasó adelante hasta que se reunió María con ellos. (Números 12:1-15).

Entre las autoridades delegadas que Dios dio en el Antiguo Testamento, ninguna fue mayor que la de Moisés; en consecuencia, podemos usarlo como ejemplo para aprender de él. Por el momento pasaremos por alto todos los tratos que Dios tuvo con él y dedicaremos nuestra atención a considerar cómo reaccionaba cuando alguien desacataba su autoridad, la ridiculizaba, la rechazaba y se oponía a ella.

Antes de que Dios lo constituyera autoridad, Moisés había dado muerte a un egipcio y posteriormente había reprendido a dos hebreos por reñir entre ellos. Cuando entonces uno de ellos objetó su autoridad («¿Quién te ha puesto a ti por príncipe y juez sobre nosotros?,»), Moisés se atemorizó y huyó. En aquel entonces todavía no tenía una experiencia con la cruz y la resurrección. Todo lo hacía con su fuerza natural. Aunque era pronto para reprender y hasta intrépido para matar, en su interior era débil e inútil. No pudo soportar la prueba. Cuando lo intentó, se atemorizó y huyó al desierto de Madián.

Allí, durante cuarenta años, Moisés aprendió sus lecciones. Después de ese largo período de pruebas, un día Dios le dio la visión de una zarza que ardía. La zarza ardía, pero no se consumía. Con esta visión, Dios lo constituyó autoridad. Pasemos ahora más adelante para observar cómo reaccionó después Moisés cuando sus hermanos Aarón y María hablaron contra él y rechazaron su autoridad delegada.

No escuche palabras denigrantes

Aarón y María le preguntaron a Moisés: «¿Sólo tú hablas por Dios? ¿Tú que te has casado con una mujer cusita? ¿No ha hablado Dios también por nosotros? ¿Cómo puede seguir en el ministerio de Dios una simiente de Sem casada con una simiente de Cam? ¿Acaso no podemos ministrar nosotros, nosotros que somos hijos de Sem y que no nos hemos casado con hijos de Cam?» De todo esto, la Biblia simplemente dice:

«Y lo oyó Jehová.» Era como si Moisés no lo hubiera oído jamás. Aquí hallamos, pues, a un hombre que no podía ser afectado por las palabras de los hombres, porque estaba fuera del alcance de las palabras denigrantes.

Todos los que desean ser portavoces de Dios y quieren ayudar a los hermanos deben aprender a no escuchar denuestos. Dejen que Dios los escuche. Por su parte, no preste atención a cómo lo critican; no se enoje por las palabras de otros. Los que se molestan y anonadan por palabras calumniosas demuestran que son ineptos para ser autoridades delegadas.

NO SE DEFIENDA

La vindicación, defensa o cualquier otra reacción que pudiera haber, debe venir de Dios; no del hombre. El que se vindica a sí mismo no conoce a Dios. Nadie en la tierra pudo ser más autoritario que Cristo; sin embargo, nunca se defendió. La autoridad y la defensa propia son incompatibles. Aquel de quien usted se defiende se convierte en juez suyo. Se pone por encima de usted cuando usted empieza a responder a sus críticas. El que habla a favor de sí mismo está bajo juicio; por lo tanto, carece de autoridad. Cada vez que uno trata de justificarse, pierde la autoridad.

Pablo se puso ante los creyentes corintios como autoridad delegada; sin embargo, dijo: «Ni aun yo me juzgo a mí mismo» (1 Corintios 4:3). La vindicación viene de Dios. Cuando usted se justifica ante una persona, ella se convierte en su juez. En cuanto trata de dar explicaciones, cae ante ella.

MUY MANSO

El versículo 2 de Números 12 consigna que Dios oyó la injuria y el versículo 4, que Dios tomó medidas. Pero entre ambos está el versículo 3 como una declaración parentética: «Y aquel varón Moisés era muy manso, más que todos los hombres que había sobre la tierra.» Moisés no disputó, porque se daba cuenta de que había errado. Dios no puede constituir autoridad a una persona testaruda; no delegará su autoridad en ninguna persona arrogante. Los que él pone en autoridad son los mansos y tiernos; y esta no es la mansedumbre ordinaria, es la mansedumbre de Dios.

Jamás debemos intentar establecer nuestra propia autoridad. Cuanto más lo intentamos, menos aptos somos para ejercer la autoridad. No son los violentos ni los fuertes, sino hombres como Pablo, cuya presencia corporal es débil y cuya palabra es menospreciable, los que constituirán autoridades. El Señor dijo que su reino no es de este mundo y que, por lo tanto, sus siervos no tienen por qué pelear por él. La autoridad que se consigue peleando no es la que Dios da.

Generalmente se da por sentado que cosas tales como las que se enumeran a continuación son los requisitos necesarios que debe reunir una autoridad: esplendor y magnificencia, personalidad, presencia o apariencia fuertes, y poder. Se argumenta que para ser autoridad uno debe poseer una firme determinación, ideas geniales y labios elocuentes. Pero no son estas cosas las que representan la autoridad; en cambio, sí representan la carne.

Nadie en el Antiguo Testamento supero a Moisés como autoridad establecida de Dios, no obstante, fue el más manso de todos los hombres. Mientras estuvo en Egipto fue bastante fiero, tanto al matar al egipcio como al reprender a los hebreos. Cuando se enfrentaba con la gente, lo hacía con sus propias manos carnales. Así que en ese tiempo Dios no lo pudo constituir autoridad. Fue tan sólo después de pasar por muchas pruebas y de tratar Dios con él, tan sólo después de venir a ser muy manso—más que todos los hombres que había sobre la tierra—que Dios lo utilizó para ser autoridad. Es frecuente que la persona que tiene menos probabilidades de que le den autoridad sea la misma que se considera autoridad. Asimismo, cuanto más autoridad cree tener una persona, tanto menos tiene realmente.

LA REVELACIÓN: ÚNICA CREDENCIAL DE LA AUTORIDAD

«Luego dijo Jehová a Moisés, a Aarón y a María: Salid vosotros tres al tabernáculo de reunión.» «Luego» significa «prontamente». Tal vez Aarón y María hubieran hablado muchas veces contra Moisés; pero esta vez Dios llamó inmediatamente a los tres al tabernáculo de reunión. Muchos que se rebelan contra la autoridad lo hacen fuera del tabernáculo. Es muy fácil y conveniente criticar en casa; pero aun así, todo se aclarará en el tabernáculo de reunión. Cuando llegaron los tres al tabernáculo, el Señor les dijo a Aarón y a María: «Oíd ahora mis palabras.» Antes ellos habían murmurado: «¿Solamente por Moisés ha hablado Jehová?» Ahora el Señor les pedía que vinieran a oír sus palabras, revelando el hecho de que nunca antes habían oído las palabras de Dios. Aarón y María nunca sabían lo que decía el Señor. Esta era la primera vez que él les hablaba; y no era para revelarles su voluntad sino para reprocharles su proceder; no era la manifestación de la gloria de Dios sino el juicio de su conducta.

«Oíd ahora mis palabras» quería decir que el Señor no sólo no había hablado antes sino que además quería que le permitieran hablar por esta única vez, ya que Aarón y María habían estado hablando durante muchos días. «¡Vosotros que bien podéis hablar, oíd ahora mis palabras!» De esto podemos inferir que los locuaces no pueden oír la palabra de Dios; solamente los mansos pueden hacerlo. Moisés era uno que no hablaba sino que hacía lo que se le decía. No le importaba si avanzaba o retrocedía, siempre y cuando ello fuera de Dios. Pero Aarón y María eran diferentes; eran duros y obstinados. Así que Dios les dijo: «Cuando haya entre vosotros profeta de Jehová», como si se hubiera olvidado de que ellos eran profetas.

Aunque Aarón y María eran profetas, el Señor se manifestaba a ellos sólo en sueños y visiones. Con Moisés no era así, porque Dios hablaba cara a cara con él, claramente, y no por figuras. Tal es la vindicación de Dios. La revelación se le dio a Moisés, no a Aarón ni a María; porque son los que se encuentran cara a cara con Dios los que él constituye autoridades. El instituir la autoridad pertenece a la jurisdicción de Dios; al hombre no se le permite entremeterse, ni puede la calumnia del hombre desechar ninguna autoridad. Fue Dios quien estableció a Moisés y era únicamente Dios quien podía rechazarlo. Esto era asunto de Dios, y por lo tanto, ninguna persona debe inmiscuirse en lo que Dios ha establecido.

El valor de un hombre delante de Dios no se decide por el criterio de otros ni por el suyo propio. Se calcula por la revelación que recibe de Dios. La revelación es la valuación y medida de Dios. La autoridad se fundamenta en la revelación de Dios, y la opinión que él tenga de una persona depende de esa revelación. Si Dios da revelación, se establece la autoridad; pero cuando él retira su revelación, se rechaza al hombre.

Si queremos aprender a ser autoridades, debemos prestar atención a nuestro estado delante de Dios. Si Dios quiere darnos revelación y hablar claramente con nosotros, si nos comunicamos cara a cara con él, nadie puede entonces excluirnos. Pero si se corta nuestra comunicación arriba y se cierra el cielo, por mucho que hubiéramos prosperado en esta tierra, todo fracasará. Un cielo abierto es el sello de Dios y el testimonio de nuestra filiación. Después que Jesús fue bautizado, «los cielos le fueron abiertos». El bautismo simboliza la muerte. Fue cuando participó de la muerte y del mayor sufrimiento, cuando todo estaba oscuro y no había ninguna salida, que se abrieron los cielos.

La revelación es, por lo tanto, la evidencia de la autoridad.

Es menester que aprendamos a no discutir o hablar a favor de nosotros mismos. No debemos pasarnos a las filas de Aarón y María en nuestra lucha por conseguir o mantener la autoridad. Y si es que sí luchamos, esto sólo demuestra que nuestra autoridad es enteramente carnal, mala y carente de visión celestial.

Moisés «es fiel en toda mi casa» (Números 12:7). Moisés, como tipo de Cristo, fue fiel en la casa de Israel. Dios lo llamó «mi siervo». Ser siervo de Dios significa simplemente que pertenezco a Dios, soy su posesión, he sido vendido a él y, por lo tanto, he perdido mi libertad. Esto explica el porqué Dios no puede guardar silencio sino que habla fuertemente cuando sus siervos son calumniados. No tenemos necesidad de vindicarnos. ¿De qué me sirve hablar si Dios no toma la iniciativa para hacerlo? Si nuestra autoridad es de Dios, no necesitamos reforzarla. La revelación será la prueba. Si hay quienes hablan contra nosotros, dejemos que Dios les corte su suministro y les selle su revelación, probando así que él nos designó. Todo aquel que ofende a las autoridades delegadas de Dios ofende al que ellas representan. Si esa persona es del Señor, hallará un cielo cerrado sobre si y tendrá que reconocer humildemente a las autoridades que Dios ha establecido. Por lo tanto, nadie tiene por qué reforzar su propia autoridad; todo depende de la prueba de Dios. Al sellarles la revelación a algunos, Dios les demuestra a quién ha constituido su autoridad delegada.

NINGÚN SENTIMIENTO PERSONAL

«¿Por qué, pues, no tuvisteis temor de hablar contra mi siervo Moisés?», preguntó Dios. Para él, tal calumnia era sencillamente terrible. Dios, siendo Dios, sabe lo que es el amor, lo que es la luz y lo que es la gloria. Pero ¿sabe qué es el temor? Sin duda que sí porque en este caso temía por Aarón y María. Como Dios, no tiene nada que temer; sin embargo, les dijo a estas dos personas qué terrible cosa habían hecho, después de lo cual dejo de hablar con ellos y se fue enojado.

Así fue como Dios mantuvo su autoridad, no la de Moisés. El no dijo: «¿Por qué hablasteis contra Moisés?», sino más bien: «¿Por qué hablasteis contra mi siervo Moisés?» Dios no permitiría que nadie menoscabara su autoridad. Si se impugna su autoridad, se encenderá su ira y se irá. Por eso la nube, que representaba la presencia de Dios, se apartó del tabernáculo; y he aquí que María estaba leprosa. Aarón la vio y tuvo temor; porque él también tenía parte en la rebelión, aunque sin duda María había dirigido todo.

El tabernáculo se negó a dar revelación y Moisés no abrió su boca. Aunque era hombre elocuente, guardó silencio. Los que no saben refrenar su corazón y su lengua no son aptos para ser autoridades. Pero cuando Aarón le rogó a Moisés, éste clamó al Señor. Durante todo el suceso, Moisés actuó como si fuera un simple espectador. No presentó ninguna queja; no murmuró ni reprendió. No tuvo ningún sentimiento personal, ninguna opinión que fuera suyo propia. No intentó juzgar ni castigar. Al contrario, en cuanto se cumplió el propósito de Dios, Moisés perdonó.

La autoridad ha sido establecida para ejecutar las órdenes de Dios, no para que uno se exalte a sí mismo. Es para darles a los hijos de Dios un sentido de Dios, no un sentido de sí mismos. Lo importante es ayudar a la gente a someterse a la autoridad; por lo tanto, a Moisés le importaba bien poco si era rechazado. Así que clamó al Señor: «Te ruego, oh Dios, que la sanes ahora.» Librémonos también de todo sentimiento personal, porque su presencia perjudicará las cosas de Dios y le atará las manos.

Si Moisés no hubiera conocido la gracia de Dios, seguramente le habría dicho a Aaron: «¿Por qué no oras tú mismo a Dios, ya que insistes en que él también habla contigo?» Y asimismo le habría dicho a Dios: «¡Vindícame o renuncio a mi cargo!» Pero Moisés no se defendió ni procuró vengarse de Aarón y de María, ni se aprovechó de la vindicación de Dios. No tuvo ningún sentimiento personal, porque no vivía en sí mismo. Su vida natural había recibido un tratamiento adecuado, así que gustosamente imploró por el restablecimiento de María. Su acción fue como la de Cristo cuando le pidió a Dios que perdonara a los que lo crucificaban.

Por consiguiente, Moisés mismo demostró que era la autoridad delegada de Dios, pues era uno que podía representar a Dios. A Moisés no lo afectaba la vida natural ni se protegía procurando defenderse o vengarse. La autoridad de Dios podía extenderse por medio de él sin ningún impedimento. En realidad, la gente se encontró con la autoridad en él. Ser autoridad delegada no es algo fácil, porque requiere despojarse a sí mismo.

CAPÍTULO 14

El carácter de las autoridades delegadas: La benignidad

LA PRIMERA REACCIÓN DE MOISÉS PARA CON LA REBELIÓN: POSTRARSE SOBRE SU ROSTRO

No puede haber rebelión más grave por parte de los israelitas que la que se registra en Números capítulo 16. El líder de ella fue Coré, hijo de Leví, asociado con Datán y Abiram, hijos de Rubén, y apoyado por doscientos cincuenta príncipes de la congregación. Todos éstos se juntaron y con palabras injuriosas atacaron a Moisés y a Aarón (versículo 3). La calumnia que se registra en Números 12 fue sólo de parte de Aarón y de María, y aun entonces estaba más escondida. Pero en este caso la rebelión era algo colectivo y el ataque a Moisés y Aarón era franco y directo. Así que en esta situación prestemos especial atención a las dos preguntas siguientes: (1) ¿Cuál fue el estado de ánimo y actitud de Moisés? y (2) ¿Cómo reaccionó Moisés frente a la crisis? ¿Cómo contestó a los rebeldes?

La primera reacción de Moisés fue que «se postró sobre su rostro» (versículo 4). Esta es ciertamente la actitud que debiera tener todo siervo de Dios. La gente estaba agitada y eran muchos los que hablaban; pero únicamente Moisés se postró en tierra. Aquí nos vemos nuevamente confrontados por uno que conoce la autoridad. Siendo verdaderamente benévolo, carecía de todo sentimiento personal. No se defendió ni se agitó, Lo primero que hizo fue postrarse sobre su rostro. Luego les dijo: «Jehová mostrará quién es suyo, y quién es santo, y hará que se acerque a él; al que él escogiere, él lo acercará a sí» (versículo 5). No era necesario disputar. Moisés no se atrevió a decir nada a favor de sí mismo, porque sabía que el Señor mostraría quién era suyo. Sería mejor dejar que Dios hiciera la clasificación. Moisés tenía fe y por eso se atrevió a confiarle todo a Dios. Al día siguiente, el Señor daría su veredicto cuando todos vinieran ante él con el incienso. Las palabras de Moisés fueron suaves pero de peso. «Esto os baste, hijos de Leví» fue el suspiro de un anciano que conocía bien a Dios (versículo 7).

EXHORTACIÓN Y RESTAURACIÓN

Moisés exhortó a Coré con palabras, procurando restaurarlo. Conocía la gravedad de esta situación y estaba realmente preocupado por los rebeldes. No sólo suspiró sino que también los exhortó, diciéndoles:

> Oíd ahora, hijos de Leví: ¿Os es poco que el Dios de Israel os haya apartado de la congregación de Israel, acercándoos a él para que ministréis en el servicio del tabernáculo de Jehová, y estéis delante de la congregación para ministrarles . . . ? ¿Procuráis también el sacerdocio? Por tanto, tú y todo tu séquito sois los que os juntáis contra Jehová; pues Aarón, ¿qué es, para que contra él murmuréis? (versículos 8-11)

La exhortación no es una expresión de señorío; antes revela mansedumbre. Quien persuade en respuesta a un ataque es de veras una persona mansa. Pero quien permite que la gente esté en el error sin mostrar ninguna intención de restaurarla demuestra que su corazón es duro. El no exhortar en semejante ocasión se debería a la falta de humildad, y evidentemente sugeriría orgullo. Moisés estuvo dispuesto a exhortar cuando lo atacaron y luego les dio a sus detractores toda una noche para que se arrepintieran.

Moisés trató con los rebeldes en forma separada. Primero trato con Coré, el levita; luego con Datán y Abiram. A estos últimos los envió a llamar con alguien; pero ellos se negaron a venir, indicando claramente que no querían saber nada con Moisés (versículo 12). En la acción de Moisés podemos ver que los que representan la autoridad procuran la restauración, no la división, aun después de ser rechazados. Estos hombres rebeldes acusaron a Moisés de haberlos sacado de una tierra que destilaba leche y miel (versículo 13). ¡Qué absurda era la acusación! Ya se habían olvidado de que en vez de tener leche y miel, en Egipto los habían obligado a hacer ladrillos, y a veces hasta sin el suministro de paja. Estos rebeldes no eran diferentes de los diez espías que, luego de ver claramente la abundancia de Canaán, se negaron a entrar en la tierra y hasta culparon a Moisés de ella. Su rebelión había llegado al extremo. No quedaba más que el juicio. Por eso Moisés se enojó en gran manera y acudió al Señor para que diera una prueba decisiva de su autoridad (versículo 15).

Dios procedió a juzgar. Esto significaba que consumiría no solamente a Coré, que era el principal instigador, sino también a la congregación que lo seguía. Pero Moisés se postró sobre su rostro e imploró por la congregación (versículo 22). Dios contestó su oración y perdonó a la congregación, pero les ordenó que se apartaran de las tiendas de los impíos. Luego juzgó a Coré, a Datán y a Abiram.

SIN ESPÍRITU JUZGADOR

Mientras Dios se preparaba para dictar sentencia a los rebeldes, Moisés le decía claramente a la congregación: «Jehová me ha enviado para que hiciese todas estas cosas . . . no las hice de mi propia voluntad» (versículo 28). En cuanto a sus propios sentimientos, no tenía ninguna intención de juzgar a nadie que se rebelara contra él. El mismo demostró que era el verdadero siervo de Dios cuando insistió en que esta gente no había pecado contra él sino contra Dios. Aprendamos a llegar al espíritu de un hombre. Vemos que en Moisés no había ni la más leve intención de juzgar. El actuó en obediencia a Dios porque era siervo suyo. No tenía ningún sentimiento personal, salvo el de que habían pecado contra Dios. Además les explicó que el Señor les probaría esto creando algo nuevo (versículo 30). Así Dios ejecutó un gran juicio para establecer la autoridad de Moisés. Tres familias fueron destruidas y doscientos cincuenta príncipes de la congregación perecieron quemados (versículos 27-35). El camino de los rebeldes conduce al Seol; la rebelión y la muerte se juntan. La autoridad es algo que Dios establece; así que todos los que ofenden a sus autoridades establecidas desprecian a Dios. Pero en Moisés hallamos a una autoridad delegada que no tenía opinión propia ni espíritu juzgador.

Intercesión y expiación

Aunque toda la congregación de Israel estaba presente cuando se abrió la tierra y tragó a las familias rebeldes, y aunque huyeron aterrorizados, su temor era solamente temor del castigo, en ningún sentido temor de Dios. No comprendieron a Moisés; sus corazones permanecieron insensibles. Así que luego de pensarlo toda una noche, ellos también se rebelaron el mismo día siguiente (versículo 41). A menos que uno haya tenido un encuentro con la gracia de Dios, su condición interior permanece igual.

Toda la congregación murmuró contra Moisés y Aarón, declarando: «Vosotros habéis dado muerte al pueblo de Jehová» (versículo 41). Observemos ahora todo el relato de cómo respondieron estas autoridades delegadas a tal reacción contra ellos.

Humanamente hablando, Moisés debería estar muy enojado con el ataque de estos hombres. Evidentemente, lo que se había hecho era obra de Dios; ¿por qué tenían que murmurar contra él? ¿Por qué no murmuraban contra Dios en vez de volverse contra su autoridad delegada? Pero la reacción de Dios vino más pronto que la de Moisés y Aarón. He aquí la nube cubrió el tabernáculo y apareció la gloria del Señor (versículo 42). Dios venía a juzgar a la congregación; así que les dijo a Moisés y Aarón que se apartaran de en medio del pueblo. Era como si Dios les dijera a Moisés y Aarón: «Vuestra oración de ayer fue un error; hoy voy a aniquilar a toda la congregación.»

No obstante, Moisés y Aarón se postraron sobre sus rostros por tercera vez (versículo 45). El sentido espiritual de Moisés era tan profundo que supo de inmediato que este problema no se podría resolver solamente con oración. EL pecado del día anterior no se había extendido tanto como el de hoy. Rápidamente le dijo a Aarón que tomara su incensario, fuera a la congregación e hiciera expiación por ellos (versículo 46). Indudablemente, Moisés era idóneo para ser autoridad delegada. Sabía qué trágicas consecuencias podían recaer sobre el pueblo de Israel y todavía esperaba que Dios tuviera misericordia para perdonar. Su corazón estaba lleno de amor y compasión, anhelos que hay en quien conoce verdaderamente a Dios. Moisés no era sacerdote; por eso le pidió a Aarón que hiciera prontamente expiación por el pueblo. Aquí se ofrecía intercesión mas expiación. La mortandad ya había comenzado entre el pueblo; Aarón se puso esta vez entre los muertos y los vivos, con el resultado de que cesó la mortandad. Los que murieron en esta oración fueron 14.700 (versículo 49). Si Moisés y Aarón no hubieran estado tan alertas, seguramente habrían muerto muchos más.

La gracia expiatoria que se veía en Moisés era asombrosamente semejante a la que se veía en su Señor. Cuidaba del pueblo de Dios y se sentía responsable tanto de los obedientes como de los rebeldes. Una persona que sólo cuida de sí misma y que frecuentemente se queja de la responsabilidad que le cabe por otros no sirve para representar la autoridad. La forma en que uno reacciona demuestra la clase de persona que es . Muchos piensan solamente en guardar las apariencias y son sumamente susceptibles a las criticas de otros. Todos sus pensamientos son egocéntricos. Moisés, sin embargo, era fiel en toda la casa de Dios. Es posible que si el pueblo hubiera sufrido, Moisés habría sentido satisfacción carnal, pero en tal caso no habría sido un siervo fiel. Un siervo fiel, aunque sea personalmente rechazado y despreciado, llevara las cargas de los demás. Los israelitas se rebelaron contra Moisés; pero él intercedió por sus pecados. Se opusieron a él y lo rechazaron; pero todavía intercedió por ellos. Si sólo cuidamos de nuestros propios sentimientos, no podremos interceder por los problemas de los hijos de Dios.

Confesemos, por tanto, nuestro pecado, reconociendo que somos demasiado pequeños y demasiado duros. Dios desea que tengamos gracia. Permitamos que Dios juzgue en todas las cosas. El ser benignos con los demás es la característica de todos los que están en autoridad.

CAPÍTULO 15

La base para ser autoridades delegadas:
La resurrección

Luego habló Jehová a Moisés, diciendo: Habla a los hijos de Israel, y toma de ellos una vara por cada casa de los padres, de todos los príncipes de ellos, doce varas conforme a las casas de sus padres; y escribirás el nombre de cada uno sobre su vara. Y escribirás el nombre de Aarón sobre la vara de Leví; porque cada jefe de familia de sus padres tendrá una vara. Y las pondrás en el tabernáculo de reunión delante del testimonio, donde yo me manifestaré a vosotros. Y florecerá la vara del varón que yo escoja, y haré cesar de delante de mí las quejas de los hijos de Israel con que murmuran contra vosotros. Y Moisés habló a los hijos de Israel, y todos los príncipes de ellos le dieron varas; cada príncipe por las casas de sus padres una vara, en total doce varas; y la vara de Aarón estaba entre las varas de ellos. Y Moisés puso las varas delante de Jehová en el tabernáculo del testimonio.

Y aconteció que el día siguiente vino Moisés al tabernáculo del testimonio; y he aquí que la vara de Aarón de la casa de Leví había reverdecido, y echado flores, y arrojado renuevos, y producido almendras. Entonces sacó Moisés todas las varas de delante de Jehová a todos los hijos de Israel; y ellos lo vieron, y tomaron cada uno su vara. Y Jehová dijo a Moisés: Vuelve la vara de Aarón delante del testimonio, para que se guarde por señal a los hijos rebeldes; y harás cesar sus quejas de delante de mí, para que no mueran. E hizo Moisés como le mandó Jehová, así lo hizo (Números 17:1-11).

El propósito del incidente de Números 17 es tratar con la rebelión del pueblo de Israel. En el capítulo anterior fuimos testigos de una rebelión que superaba a todas las demás; en el capítulo que tenemos ante nosotros ahora hemos de ver cómo Dios pone fin a tal rebelión librando a su pueblo tanto de ella como de su consecuencia, la muerte. Dios le demostraría a Israel que las autoridades vinieron de él y que él tenía un fundamento y una razón para establecerlas. Toda persona a quien Dios le da autoridad debe tener esta experiencia fundamental; de otro modo, no podrá ser designada por Dios.

LA VIDA DE RESURRECCIÓN ES LA BASE DE LA AUTORIDAD

Dios ordenó que los doce dirigentes tribales se consiguieran doce varas, una por cada casa de los padres, y que las pusieran en el tabernáculo de reunión delante del testimonio. Y la vara del hombre que Dios escogiera, florecería. Una vara es un trozo de madera, una rama de árbol, cortada en ambos extremos. Por un extremo está deshojada y por el otro, sin raíces. En otro tiempo estaba viva; pero ahora está muerta. Antes recibía la savia del árbol y podía florecer y llevar fruto; pero ahora es una rama muerta. A las doce varas las deshojaron y les quitaron las raíces; todas estaban muertas y secas. Pero Dios dijo que si una floreciera, sería la vara del que él había escogido. Esto sugiere que la resurrección es la base de la elección así como de la autoridad.

En el capítulo 16 de Números, el pueblo se rebeló contra la autoridad que Dios había designado; en el capítulo 17, Dios confirma a la autoridad que él había designado. Dios demostró que la base de la autoridad era la resurrección, poniendo fin así a todas las murmuraciones del pueblo. Este no tenía ningún derecho de pedirle una razón a Dios; sin embargo, Dios mismo condescendió en informarle cuál era su base para el establecimiento de autoridades. La base era la resurrección; esto era algo por lo cual el pueblo de Israel no podía disputar.

Naturalmente, tanto Aarón como los israelitas venían de Adán. Ambos eran hijos de ira, conforme a la vida natural no había diferencia. Estas doce varas eran todas iguales; todas estaban deshojadas y despojadas de sus raíces, muertas y sin vida. La base del ministerio se halla en la concesión de la vida de resurrección aparte de la vida natural. Y esto constituye la autoridad. La autoridad no depende de la persona sino de la resurrección. Aarón no era diferente de los demás, salvo en que Dios lo había escogido y le había dado una vida de resurrección.

EL FLORECIMIENTO DE LA VARA SECA MANTIENE HUMILDES A LOS HOMBRES

Es Dios quien hace florecer una vara. Es él quien pone el poder de la vida en una vara muerta y seca. La vara que florece hace que se humille su propietario y que cesen las murmuraciones de los dueños de las otras varas. La vara que originalmente tomamos es tan seca y muerta como la de Aarón; pero si reverdece, florece y lleva fruto al segundo día, debemos llorar delante de Dios y decir: «Esta es tu obra; no tiene nada que ver conmigo. Esta es tu gloria, no la mía.» Nos humillaremos naturalmente delante de Dios, pues ella es ciertamente el tesoro en el vaso terrenal, demostrando que el poder trascendente pertenece a Dios y no a nosotros. Solamente el necio puede estar orgulloso. Los que seamos favorecidos nos postraremos delante de Dios, diciendo: «Esto lo ha hecho Dios; no hay nada de que pueda gloriarse el hombre; todo es por la misericordia de Dios, no por la obra del hombre. ¿Qué cosa hay que no hayamos recibido, ya que todo es por elección de Dios?»

Entendamos, por lo tanto, que la autoridad no se fundamenta en nosotros. En efecto, no tiene ninguna relación con nosotros. En lo futuro, cada vez que Aarón usara su autoridad al ministrar a Dios podía confesar: «Mi vara es tan muerta como las demás. La única razón por la que yo puedo servir y ellos no, por la que yo tengo autoridad espiritual y ellos no, no está en las varas (porque todas están igualmente secas) sino en la misericordia y elección de Dios.» Aarón no servía en el poder de la vara, sino en el poder del florecimiento de la vara.

LA PIEDRA DE TOQUE DEL MINISTERIO ES LA RESURRECCIÓN

La vara indica la posición del hombre; pero el florecimiento, la vida de resurrección. Por lo que a la posición respectaba, esos doce hombres ocupaban cargos directivos en las doce tribus de Israel. Aarón representaba simplemente a la tribu de Leví, una de las doce tribus. No podía servir a Dios basado en su posición, porque las otras tribus no lo consentirían. ¿Cómo resolvió Dios el problema? Les ordenó que depositaran doce varas—una por tribu—en el tabernáculo de reunión delante del testimonio. Las varas tenían que quedar allí toda la noche; y florecería la vara del varón que Dios escogiera.

Esto es la vida que sale de la muerte. Solamente los que han pasado por la muerte y han salido a la resurrección son reconocidos por Dios como siervos suyos. La piedra de toque del ministerio es la resurrección. Nadie puede señalar su posición; tiene que ser la elección de Dios. Después que Dios hizo reverdecer, brotar y producir fruto a la vara de Aarón, y después de verlo todos los otros dirigentes, ya no tenían nada que decir.

La autoridad, pues, no viene por esfuerzo humano. La establece Dios. No depende de una posición directiva sino de la experiencia de la muerte y la resurrección. Los hombres son escogidos para ejercer la autoridad espiritual no porque sean diferentes de los demás, sino en base a la gracia, elección y resurrección. ¡Se requiere mucha ignorancia y ceguera para ser orgulloso! En lo que a nosotros respecta, aunque depositáramos nuestras varas durante toda una vida, todavía no reverdecerían. La dificultad de nuestros días consiste en que son muy pocos los que se postran sobre sus rostros reconociendo que no son diferentes de los demás.

LOS NECIOS SON ORGULLOSOS

Cuando el Señor Jesús entró en Jerusalén cabalgando sobre un pollino, las multitudes aclamaban, diciendo: «¡Hosanna al Hijo de David! ¡Bendito el que viene en el nombre del Señor! ¡Hosanna en las alturas!» (Mateo 21:9). Supongamos por un momento que el pollino, al oír los hosannas y ver las ramas en el camino, se volviera al Señor y le preguntara: «¿Son por ti o por mí estas aclamaciones?», o que el asna se volviera y le dijera: «Después de todo, yo soy más noble que tú.» Sería evidente que el pollino no reconocía al que iba montado sobre él.

Muchos de los siervos de Dios son así de necios. No había ninguna diferencia entre el asna y el pollino; era el Señor del pollino el que debía ser alabado. Los hosannas no son para usted, como tampoco lo son las ramas tendidas en el camino. Solamente un necio diría: «Yo soy mejor que tú.» Cuando Aarón viera que su vara había florecido, su inmediata reacción sería un sentimiento de admiración. Se postraría sobre su rostro y adoraría, diciendo: «¿Cómo es que mi vara ha florecido? ¿No es mi vara igual que las otras? ¿Por qué Dios me concede tal gloria y poder? Por mí mismo, jamás podría yo florecer. Lo que es nacido de la carne, carne es. Como es el pueblo de Dios, así también soy yo.» Otros podían estar confundidos; pero Aarón estaba seguro. Sabía que toda su autoridad le había sido dada por Dios. Ninguno de nosotros tiene derecho de enorgullecerse.

Si hoy Dios tiene misericordia de nosotros, es porque el así lo quiere. ¿Quién es competente para este ministerio? Nuestra competencia proviene de Dios. Sería muy extraño que uno viviera en la presencia de Dios y no fuera humilde. El pollino necesitaría una tremenda dosis de necedad y confianza en sí mismo para imaginarse que las alabanzas de ese día eran para él. Llegaría el día cuando despertaría y se avergonzaría de sí mismo. En realidad, seremos glorificados; pero nuestra gloria es futura, no presente.

Los hermanos jóvenes deberían aprender la lección de la humildad. Todos necesitamos saber que no depende en lo más mínimo de nosotros el correr la carrera que tenemos por delante. No debiéramos considerarnos diferentes de otros tan sólo porque hemos aprendido unas pocas lecciones espirituales. Todo proviene de la gracia de Dios; todo es dado por Dios; nada viene de nosotros mismos.

Bien sabía Aarón que era Dios quien había hecho florecer su vara, porque el florecimiento había sido efectuado por medio del poder sobrenatural. Dios usó este medio para hablar a Aarón así como al pueblo de Israel. De ahí en adelante Aarón supo que todo el ministerio estaba basado en el florecimiento, no en sí mismo. En la actualidad, cuando ministramos delante de Dios debemos saber también que el ministerio proviene de la resurrección y que la resurrección proviene de Dios.

¿QUÉ ES LA RESURRECCIÓN?

La resurrección se refiere a lo que no proviene de lo natural, a lo que no proviene de uno mismo o de la propia capacidad. Es lo que yo no puedo hacer, porque sobrepasa mi capacidad. Puedo colorear la vara y tallarle flores; pero no la puedo hacer florecer. Nadie oyó jamás de una vara vieja que floreciera ni de una mujer anciana que concibiera. Sara dio a luz a Isaac; pero esto fue la obra de Dios. Por eso Sara representa la resurrección. La resurrección es lo que yo no puedo hacer, pero que Dios sí puede; es lo que yo no soy, pero que Dios si es. No importa lo que yo sea, porque esto se basa en Dios. No depende de la mucha habilidad ni de la mucha elocuencia. Toda la espiritualidad que tengo se debe a la obra de Dios en mí.

¡Qué ridículo y necio sería Aarón si insistiera en que su vara había florecido porque era diferente de las demás, más pulida y más derecha! Si por un momento se nos ocurre pensar que somos mejores que otros, habremos cometido el mayor disparate del mundo. Toda la diferencia proviene del Señor.

El nombre Isaac significa «risa». Sara se rió, porque sabía que era demasiado anciana para concebir. Lo consideraba imposible. Por eso Dios llamó Isaac a su hijo. Al servir al Señor, nosotros también debiéramos reírnos y decir: «No puedo; sé con toda seguridad que soy incapaz, pero ésta es la obra del Señor.» Si hay alguna manifestación de la autoridad, debemos confesar que ella es la obra de Dios, no la nuestra.

LA RESURRECCIÓN ES LA NORMA PERMANENTE DEL SERVICIO

Dios devolvió todas las varas a sus respectivos dueños, excepto la de Aarón, que había florecido. Esta había de quedar en el arca por memorial perpetuo. Todo esto sugiere que la resurrección es la norma permanente del servicio. A menos que un servicio pase de la muerte a la resurrección, no será aceptado por Dios. Aquello que resucita es de Dios; y no de nosotros. Todos los que creen tener méritos no saben lo que es la resurrección. Los que conocen la resurrección ya han renunciado a sí mismos. Mientras continúa la fuerza natural, se oculta el poder de la resurrección.

El mayor poder de Dios no se manifiesta en la creación; se revela en la resurrección. Nada que pueda hacer el hombre proviene de la resurrección. Es preciso que lleguemos al punto donde nos consideremos como nada, como perros muertos; es menester que nos neguemos tan completamente que todo lo que podamos decirle a Dios sea: «Todo lo que existe, es dado por ti; todo lo que ha sido hecho, ha sido hecho por ti. De aquí en adelante ya no me equivocaré en esto; porque estoy completamente convencido de que todo lo muerto proviene de mí, pero todo lo vivo viene de ti.» Así que debemos estar conscientes de esta distinción. El Señor jamás entiende mal; pero frecuentemente nosotros interpretamos mal. Era absolutamente imposible que Sara se imaginara que Isaac había nacido en virtud de la fuerza de ella. Dios tiene que llevarnos al punto donde jamás entendamos mal la obra suya.

La autoridad es de Dios, no de nosotros. Nosotros somos meramente mayordomos de su autoridad. El discernir esto nos hace competentes para ser autoridades delegadas. Cada vez que intentamos ejercer la autoridad como si fuera nuestra se nos priva inmediatamente de toda autoridad. La vara seca sólo puede dispensar muerte. Donde hay resurrección, allí hay autoridad; porque la autoridad se fundamenta en la resurrección y no en lo natural. Puesto que todo lo que tenemos es lo natural, no tenemos ninguna autoridad, salvo en el Señor.

Lo que Pablo dice en 2 Corintios 4:7 concuerda con la interpretación antes expuesta. Pablo se compara a sí mismo a un vaso de barro, y el tesoro, al poder de la resurrección. Entiende perfectamente bien que él es simplemente un vaso de barro, pero que el tesoro que hay en él posee poder trascendente. En cuanto a sí mismo, Pablo es atribulado en todo sentido; pero debido al tesoro, no ha sido destruido. Por una parte, hay muerte; pero por otra parte, vida. Pablo siempre esta entregado a la muerte; pero al mismo tiempo manifiesta la vida. Donde actúa la muerte, allí se manifiesta la vida. Encontramos el centro del ministerio de Pablo en 2 Corintios capítulos 4 y 5; y la norma de su ministerio es la muerte y la resurrección. Lo que hay en nosotros es muerte; lo que hay en el Señor es resurrección.

No nos equivoquemos: la autoridad es de Dios. Cada uno de nosotros debe entender claramente que toda autoridad pertenece al Señor. Nosotros simplemente mantenemos la autoridad del Señor en la tierra; pero nosotros mismos no somos la autoridad. Siempre que dependemos del Señor, tenemos autoridad. Pero en cuanto se introduce algo de lo natural, somos como cualesquier otros: sin autoridad. Todo lo que es de la resurrección tiene autoridad. La autoridad viene de la resurrección y no de nosotros mismos. Es más que simplemente depositar la vara delante de Dios; es la vara de la resurrección, que permanece en la presencia de Dios. Ser autoridad delegada de Dios no es meramente manifestar algo de la resurrección, sino hacer que la vara reverdezca, florezca y produzca fruto, cumpliéndose así la vida de resurrección .

CAPÍTULO 16

El mal uso de la autoridad y la disciplina gubernativa de Dios

Y porque no había agua para la congregación, se juntaron contra Moisés y Aarón. Y habló el pueblo contra Moisés, diciendo: ¡Ojalá hubiéramos muerto cuando perecieron
nuestros hermanos delante de Jehová! . . . Y habló Jehová a
Moisés, diciendo: Toma la vara, y reúne la congregación, tú
y Aarón tu hermano, y hablad a la peña a vista de ellos; y ella
dará su agua, y les sacarás aguas de la peña, y darás de beber a
la congregación y a sus bestias. Entonces Moisés tomó la vara
de delante de Jehová, como él le mandó.

Y reunieron Moisés y Aarón a la congregación delante de la
peña, y les dijo: ¡Oíd ahora, rebeldes! ¿Os hemos de hacer salir
aguas de esta peña. Entonces alzó Moisés su mano y golpeó la
peña con su vara dos veces; y salieron muchas aguas, y bebió la
congregación, y sus bestias. Y Jehová dijo a Moisés y a Aarón:
Por cuanto no creísteis en mí, para santificarme delante de los
hijos de Israel, por tanto, no meteréis esta congregación en la
tierra que les he dado. Estas son las aguas de la rencilla, por
las cuales contendieron los hijos de Israel con Jehová, y él se
santificó en ellos (Números 20:2-3, 7-13).

Y Jehová habló a Moisés y a Aarón en el monte de Hor, en la
frontera de la tierra de Edom, diciendo: Aarón será reunido a

su pueblo, pues no entrará en la tierra que yo di a los hijos de Israel, por cuanto fuisteis rebeldes a mi mandamiento en las aguas de la rencilla. Toma a Aarón y a Eleazar su hijo, y hazlos subir al monte de Hor, y desnuda a Aarón de sus vestiduras, y viste con ellas a Eleazar su hijo; porque Aarón será reunido a su pueblo, y aquí morirá. Y Moisés hizo como Jehová le mandó; y subieron al monte de Hor a la vista de toda la congregación. Y Moisés desnudó a Aarón de sus vestiduras, y se las vistió a Eleazar su hijo; y Aarón murió allí en la cumbre del monte, y Moisés y Eleazar descendieron del monte (Números 20:23-28).

Y habló Jehová a Moisés aquel mismo día, diciendo: Sube a este monte de Abarim, al monte Nebo, situado en la tierra de Moab que está frente a Jericó, y mira la tierra de Canaán, que yo doy por heredad a los hijos de Israel; y muere en el monte al cual subes, y sé unido a tu pueblo, así como murió Aarón tu hermano en el monte de Hor, y fue unido a su pueblo; por cuanto pecasteis contra mí en medio de los hijos de Israel en las aguas de Meriba de Cades, en el desierto de Zin; porque no me santificasteis en medio de los hijos de Israel. Verás, por tanto, delante de ti la tierra; mas no entraras allá, a la tierra que doy a los hijos de Israel (Deuteronomio 32:48-52).

LA AUTORIDAD DELEGADA DEBE SANTIFICAR A DIOS

Después de vagar más de 30 años por el desierto, el pueblo de Israel volvió a olvidarse de las lecciones que había aprendido a consecuencia de su rebelión. AL llegar al desierto de Zin y no hallar agua, contendieron una vez más con Moisés y Aarón, profiriendo muchas palabras desagradables. Sin embargo, Dios no se enojó con ellos. Simplemente le ordenó a Moisés que tomara la vara, símbolo de la autoridad de Dios, y hablara a la peña para que diera agua. Moisés tomó la vara en sus manos. Sin embargo, estaba tan irritado que llamó rebeldes a la congregación y luego, haciendo caso omiso del mandamiento de Dios, golpeó la peña dos veces con la vara. Moisés erró; pero todavía salió agua de la peña.

A raíz de esto, Dios reprendió a sus siervos, diciendo: «No creísteis en mí, para santificarme delante de los hijos de Israel.» Esto significaba que Moisés no había colocado a Dios aparte de sí mismo y de Aarón. Había representado mal a Dios, porque ese arranque de mal humor que había tenido provenía de él mismo y en consecuencia había hablado sin razón, y sin causa había golpeado la peña. Al parecer, Dios reconvino a Moisés de este modo: «Vi que mi pueblo tenía sed y quise darles de beber; ¿por qué, pues, los reprendisteis?» Dios no censuró al pueblo; pero Moisés sí lo hizo. Así pues, él le dio al pueblo de Israel una falsa impresión de Dios, como si fuera cruel e injuriador, y no tuviera misericordia.

Ser autoridad es representar a Dios. Ya sea en la ira o en la misericordia, la autoridad siempre debe ser como Dios. Si en tal posición hacemos algo malo, debemos reconocerlo como acción nuestra. Jamás debemos involucrar a Dios en nuestra propia falta. Porque Moisés representó mal a Dios, tuvo que ser juzgado. Si alguien que está en autoridad representa mal a Dios y no lo confiesa, Dios tendrá que vindicarse.

Así fue como Dios mostró al pueblo de Israel que esto fue obra de Moisés y no suya. En realidad, el pueblo había murmurado y quizás su actitud hubiera sido rebelde; sin embargo, Dios no los había juzgado. ¿Cómo pudo Moisés ser tan impaciente para juzgarlos antes de que Dios lo hiciera, y hablar airadamente y sin moderación? Lo hizo motivado por su actitud y su ira, pero es muy probable que el pueblo de Israel se hubiera quedado con la impresión de que representaba la actitud e ira de Dios. Por eso Dios tenía que absolverse a sí mismo separándose de Moisés y de Aarón.

Tengamos cuidado de no involucrar nunca a Dios en las

faltas humanas dando la impresión errónea de que él manifiesta su actitud por medio de nosotros. En caso de darse una impresión tan errónea, Dios tendrá que absolverse a sí mismo. Se supone que una autoridad delegada administra las cosas en representación de Dios. Si nos enojamos, confesemos que esta ira viene de nosotros y no de Dios. Ambos deben estar separados. Es algo terrible confundir la obra de uno con la de Dios.

Somos demasiado propensos a errar. En consecuencia, cada vez que cometamos un error, reconozcámoslo de inmediato como error nuestro. Entonces no representaremos mal a Dios, ni cederemos al mal, ni caeremos en las tinieblas. Si confesamos primero, Dios no tendrá necesidad de defenderse y seremos liberados de caer en su mano gubernativa.

SER AUTORIDAD DELEGADA ES ALGO MUY SERIO

Como consecuencia del antedicho incidente, Dios anunció que a Moisés y a Aarón no se les iba a permitir entrar en Canaán. Si una persona habla descuidadamente y hace algo en una forma que no santifica a Dios, él desde ese momento tiene que intervenir para justificarse, sin que quede ninguna posibilidad de pedir perdón. Debemos temer y temblar cuando administramos los asuntos de Dios. Guardémonos de convertirnos en personas descuidadas e imprudentes a medida que envejecemos.

En aquella ocasión en que se encendió la ira de Moisés e hizo pedazos las tablas en que Dios había escrito la ley, el Señor no lo reprochó. Había conmovido a Dios con su celo, por lo cual su ira era justificada. Pero ahora, después de seguir por tantos años al Señor y no hacer lo que él había ordenado al golpear la peña dos veces y hablar irreflexivamente, Moisés había representado mal a Dios. Por esta razón, no se le permitió entrar en Canaán.

El pueblo de Israel se rebeló muchas veces contra Dios,

pero él fue paciente con ellos. Moisés y Aarón, sin embargo, cometieron un solo error y fueron excluidos de Canaán. Esto nos demuestra lo serio que es ser autoridades delegadas. Dios es muy estricto con los que lo representan. En Números 18 el Señor le dijo a Aarón: «Tú y tus hijos, y la casa de tu padre contigo, llevaréis el pecado del santuario» (versículo 1). Cuanto más autoridad delega Dios, tanto más severo es su trato. El Señor también dijo: «*A todo aquel a quien se haya dado mucho, mucho se le demandará; y al que mucho se le haya confiado, más se le pedirá*» (Lucas 12:48).

Es de veras un hermoso cuadro ver a Moisés, a Aarón y a Eleazar su hijo subir juntos al monte de Hor. Todos ellos fueron obedientes a Dios, aceptando humildemente su juicio. Ni siquiera oraron, pues conocían a Dios. Aarón sabía que había llegado su día y Moisés también era consciente de su propio futuro. Dios le ordenó a Moisés que hiciera la transacción, ya que en las aguas de Meriba también había sido él el personaje principal. Al ver cómo moría Aarón, se le hizo saber a Moisés cómo moriría él también.

Al ser desnudado de sus vestiduras santas, Aarón murió. La gente común no muere al ser desnudada de sus ropas; pero Aarón sí, porque su vida era sostenida por el servicio. Esto nos indica que la vida de uno que sirve a Dios llega a su fin cuando termina su servicio.

Muchos años pasaron después del suceso recién descrito, pero el juicio de Dios siguió. Finalmente, él trató con Moisés en la misma forma que había tratado con Aarón. Citó a Moisés al monte Nebo, porque allí había de morir, aun cuando durante los años intermedios había permanecido fiel. Antes de morir, Moisés bendijo con un canto al pueblo de Israel, pero no pidió ser librado de su juicio particular (ver Deuteronomio 33). También se humilló bajo la poderosa mano de

Dios. Al que había representado la autoridad de Dios y le había obedecido toda su vida, salvo en ese único caso en su ancianidad, no se le permitió entrar en Canaán. ¡Qué tremenda pérdida sufrió Moisés! ¡No pudo participar de la promesa que 600 años antes Dios había hecho a Abraham!

No hay algo más grave ni que se considere con más severidad que el que una autoridad delegada actúe mal. Cada vez que ejercemos la autoridad debemos pedir estar unidos a Dios. Si cometemos un error, debemos separarlo rápidamente de Dios para no incurrir en su juicio. Antes de decidir algo, procuremos conocer la mente de Dios; y sólo después de conocerla podemos hacerlo en su nombre. Moisés no podía pretender que lo que había hecho en las aguas de Meriba lo había hecho en el nombre del Señor. No seamos necios, sino aprendamos a temer y temblar delante de Dios. No pronunciemos juicio irreflexivamente; antes, dominemos nuestro espíritu y refrenemos nuestra lengua, especialmente cuando seamos provocados. Cuanto más conozcamos a Dios, tanto menos descuidados seremos. Hay veces cuando podemos recibir perdón después de caer en la mano gubernativa de Dios, pero no siempre sucede esto. Entendamos claramente que no hay que ofender el gobierno de Dios.

LAS AUTORIDADES DELEGADAS NO DEBIERAN ERRAR

Para que nuestro servicio sea aprobado por Dios debemos servir no con nuestras propias fuerzas sino en el terreno de la resurrección. Nosotros mismos no tenemos autoridad; solamente la representamos. No hay sitio, pues, para la carne. Sólo causamos problemas si hacemos algo a nuestro antojo. La iglesia no sólo teme que no haya autoridad, sino también a la autoridad ilegítima. Dios tiene un solo pensamiento, y ése es establecer su propia autoridad.

En la iglesia, la sumisión a la autoridad debe ser absoluta.

Sin sumisión no puede haber iglesia. Igualmente, la actitud de temor y temblor en los que representan la autoridad debe ser también absoluta. Hay dos dificultades en la iglesia: la falta de sumisión absoluta y la presencia de autoridad ilegítima. Tenemos que aprender a no hablar irreflexivamente, a no dar opiniones negligentemente. Nuestro espíritu debe mantenerse siempre dócil para con el Señor, en espera de recibir la luz que tenga para nosotros. De otro modo, envolveremos a Dios en nuestro error y haremos en su nombre cosas que no son de él. Por esta razón, tenemos que aprender por una parte a someternos y por la otra a representar a Dios. Esto significa que tenemos que conocer la cruz y la resurrección. El que la iglesia tenga un futuro, depende muchísimo de lo bien que aprendamos nuestras lecciones.

LA AUTORIDAD PROVIENE DEL MINISTERIO; EL MINISTERIO, DE LA RESURRECCIÓN

La autoridad de una persona se basa en su ministerio, y éste se basa a su vez en la resurrección. Si no hay resurrección, no puede haber ministerio; y si no hay ministerio, no hay autoridad. El ministerio de Aarón provenía de la resurrección; sin esto, él no podía servir. Dios nunca ha establecido por autoridad a nadie que no tenga ministerio.

En la actualidad, la autoridad no es asunto de posición. Donde falta el ministerio espiritual, no puede haber autoridad de posición. Todo el que tiene un ministerio espiritual delante de Dios tiene autoridad delante de los hombres. Esto significa que el ministerio espiritual de uno le da autoridad entre los hijos de Dios. ¿Quién, pues, puede pelear por esta autoridad, puesto que es imposible luchar por el ministerio? Tal como el ministerio lo asigna el Señor, así también la autoridad la determina él.

Toda autoridad se basa en el ministerio. Aarón tenía autoridad porque tenía un ministerio delante de Dios. Su incensario podía hacer expiación por el pueblo y también podía hacer que cesara la mortandad, mientras que los incensarios de los 250 dirigentes fueron malditos por Dios. La rebelión de Números 16 fue dirigida, no tan sólo contra la autoridad, sino también contra el ministerio. Aarón estaba en autoridad, puesto que tenía ministerio. Ninguna persona puede tener más autoridad que la que tiene su ministerio.

No debemos tratar de sobrepasar la autoridad de nuestro ministerio. Nuestra actitud debe ser siempre la de no atrevernos a ocuparnos en cosas que son demasiado grandes y maravillosas para nosotros (ver Salmo 131:1). Aprendamos, en cambio, a ser fieles delante de Dios según la porción que nos ha tocado. Muchos hermanos se imaginan equivocadamente que pueden asumir la autoridad a la ventura, ignorando que la autoridad que viene del ministerio jamás se impone sobre los hijos de Dios. La autoridad de uno delante de los hombres es igual al ministerio de uno delante de Dios. La medida del ministerio determina la proporción de la autoridad. Si la autoridad sobrepasa al ministerio, viene a ser de posición, y por lo tanto ya no es espiritual.

Si una autoridad delegada yerra, Dios vendrá a juzgarla. El supremo principio del gobierno de Dios es su propia vindicación. Puesto que Dios está dispuesto a darnos su nombre y a permitir que lo usemos—tal como alguien nos confía su sello para que lo usemos—, luego él tiene que absolverse a sí mismo si lo representamos mal. El le dirá a la gente que la falta no es suya, sino nuestra.

Aarón murió, lo mismo que Moisés. No se les permitió entrar a Canaán. ¿Disputaron con Dios? No; porque eran conscientes de que la justificación de Dios era mucho más importante que su entrada a Canaán. Preferirían ser excluidos de Canaán para que Dios se absolviera. Como puede verse en Deuteronomio 32, Moisés se esmeró en explicarle al pueblo que la falta era de Israel, no de Dios. Por eso debemos mantener el carácter absoluto de la verdad. Ningún siervo fiel del Señor debería buscar una manera fácil o conveniente. La vindicación de Dios es mucho más importante que el prestigio del hombre. Aunque Moisés y Aarón tenían algunas excusas, no argumentaron ni se defendieron. Muchas veces en tiempos pasados habían intercedido por el pueblo de Israel, pero en esta ocasión no pidieron por sí mismos. Tal silencio es muy precioso. Preferían soportar la dificultad si esto podía darle a Dios la oportunidad de absolverse.

La autoridad proviene del ministerio: llega al corazón de la gente y la hace tener conciencia de Dios. Cuando un ministro representa mal la autoridad de Dios, cesa su ministerio, así como cesó el de Aarón y el de Moisés. Aprendamos, por tanto, a mantener el testimonio del Señor. No demos consejos irreflexivamente, no sea que incurramos en juicio.

Que Dios tenga misericordia de nosotros para que seamos instruidos por él. Que le dé gracia a su iglesia en este tiempo del fin. ¡Cómo necesitamos orar: «Oh, Señor, que se manifieste tu autoridad en la iglesia; Señor, haz que todo hermano sepa lo que es la autoridad»! La iglesia local se revelará cuando Dios pueda manifestar su autoridad por medio de los hombres. Los que ocupen cargos de responsabilidad no la representarán mal ni la gente que los siga entenderá mal. Todos y cada uno conocerán su lugar y así el Señor hará lo que él quiera.

CAPÍTULO 17

Las autoridades delegadas deben
estar bajo autoridad

Cuando Saúl volvió de perseguir a los filisteos, le dieron aviso, diciendo: He aquí David está en el desierto de En-gadi. Y tomando Saúl tres mil hombres escogidos de todo Israel, fue en busca de David y de sus hombres, por las cumbres de los peñascos de las cabras monteses. Y cuando llegó a un redil de ovejas en el camino, donde había una cueva, entró Saúl en ella para cubrir sus pies; y David y sus hombres estaban sentados en los rincones de la cueva. Entonces los hombres de David le dijeron: He aquí el día de que te dijo Jehová: He aquí que entrego a tu enemigo en tu mano, y harás con él como te pareciere. Y se levantó David, y calladamente cortó la orilla del manto de Saúl. Después de esto se turbó el corazón de David, porque había cortado la orilla del manto de Saúl. Y dijo a sus hombres: Jehová me guarde de hacer tal cosa contra mi señor, el ungido de Jehová, que yo extienda mi mano contra él; porque es el ungido de Jehová. (l Samuel 24:1-6).

David, pues, y Abisay fueron de noche al ejército; y he aquí que Saúl estaba tendido durmiendo en el campamento, y su lanza elevada en tierra a su cabecera; y Abner y el ejército estaban tendidos alrededor de él. Entonces dijo Abisay a David: Hoy ha entregado Dios a tu enemigo en tu mano; ahora, pues, déjame que le hiera con la lanza, y lo enclavaré en la tierra de un golpe, y no le daré segundo golpe. Y David respondió a Abisai: No le mates; porque ¿quién extenderá su mano contra el ungido de Jehová, y será inocente? Dijo además David: Vive Jehová, que si Jehová no lo hiriere, o su día llegue para que muera, o descendiendo en batalla perezca, guárdeme Jehová de extender mi mano contra el ungido de Jehová. Pero toma ahora la lanza que está a su cabecera, y la vasija de agua, y vámonos. Se llevó, pues, David la lanza y la vasija de agua de la cabecera de Saúl, y se fueron; y no hubo nadie que viese, ni entendiese, ni velase, pues todos dormían; porque un profundo sueño enviado de Jehová había caído sobre ellos (l Samuel 26:7-12).

Dijo David a aquel joven que le daba las nuevas: ¿Cómo sabes que han muerto Saúl y Jonatán su hijo? El joven que le daba las nuevas respondió: Casualmente vine al monte de Gilboa, y hallé a Saúl que se apoyaba sobre su lanza, y venían tras él carros y gente de a caballo. Y mirando él hacia atrás, me vio y me llamó; y yo dije: Heme aquí. Y me preguntó: ¿Quién eres tú? Y yo le respondí: Soy amalecita. El me volvió a decir: Te ruego que te pongas sobre mí y me mates, porque se ha apoderado de mí la angustia; pues mi vida está aún toda en mí. Yo entonces me puse sobre él y le maté, porque sabía que no podía vivir después de su caída; y tomé la corona que tenía en su cabeza, y la argolla que traía en su brazo, y las he traído acá a mi señor.

Entonces David, asiendo de sus vestidos, los rasgó; y lo mismo hicieron los hombres que estaban con él. Y lloraron y lamentaron y ayunaron hasta la noche, por Saúl y por Jonatán su hijo, por el pueblo de Jehová y por la casa de Israel, porque habían caído a filo de espada. Y David dijo a aquel joven que le había traído las nuevas: ¿De dónde eres tú? Y él respondió: Yo soy hijo de un extranjero, amalecita. Y le dijo David: ¿cómo no tuviste temor de extender tu mano para matar al ungido de Jehová? Entonces llamó David a uno de sus hombres, y le dijo: Vé, y mátalo. Y él lo hirió, y murió (2 Samuel 1:5-15).

Después de esto aconteció que David consultó a Jehová, diciendo: ¿Subiré a alguna de las ciudades de Judá? (2a. de Samuel 2:1).

Los hijos, pues, de Rimón beerotita, Recab y Baana, fueron y entraron en el mayor calor del día en casa de Is-boset, el cual estaba durmiendo la siesta en su cámara. Y he aquí la portera de la casa había estado limpiando trigo, pero se durmió; y fue así como Recab y Baana su hermano se introdujeron en la casa. Cuando entraron en la casa, Is-boset dormía sobre su lecho en su cámara; y lo hirieron y lo mataron, y le cortaron la cabeza, y habiéndola tomado, caminaron toda la noche por el camino del Arabá. Y trajeron la cabeza de Is-boset a David en Hebrón, y dijeron al rey: He aquí la cabeza de Is-boset hijo de Saúl tu enemigo, que procuraba matarte; y Jehová ha vengado hoy a mi señor el rey, de Saúl y de su linaje. Y David respondió a Recab y a su hermano Baana, hijos de Rimón beerotita, y les dijo: Vive Jehová que ha redimido mi alma de toda angustia, que cuando uno me dio nuevas, diciendo: He aquí Saúl ha muerto, imaginándose que traía buenas nuevas, yo lo prendí, y le maté en Siclag en pago de la nueva. ¿Cuánto más a los malos hombres que mataron a un hombre justo en su casa, y sobre su cama? Ahora, pues, ¿no he de demandar yo su sangre de vuestras manos, y quitaros de la tierra? Entonces David ordenó a sus servidores, y ellos los mataron, y les cortaron las manos y los pies, y los colgaron sobre el estanque en Hebrón. Luego tomaron la cabeza de Is-boset, y la enterraron en el sepulcro de Abner en Hebrón (2 Samuel 4:5-12).

Vinieron todas las tribus de Israel a David en Hebrón y hablaron, diciendo: Henos aquí, hueso tuyo y carne tuya somos. Y aun antes de ahora, cuando Saúl reinaba sobre nosotros, eras tú quien sacabas a Israel a la guerra, y lo volvías a traer. Además Jehová te ha dicho: Tú apacentarás a mi pueblo Israel, y tú serás príncipe sobre Israel. Vinieron, pues, todos los ancianos de Israel al rey en Hebrón, y el rey David hizo pacto con ellos en Hebrón delante de Jehová; y ungieron a David por rey sobre Israel (2 Samuel 5:1-3).

Cuando el arca de Jehová llegó a la ciudad de David, aconteció que Mical hija de Saúl miró desde una ventana, y vio al rey David que saltaba y danzaba delante de Jehová; y le menospreció en su corazón. Metieron, pues, el arca de Jehová, y la pusieron en su lugar en medio de una tienda que David le había levantado; y sacrificó David holocaustos y ofrendas de paz delante de Jehová. Y cuando David había acabado de ofrecer los holocaustos y ofrendas de paz, bendijo al pueblo en el nombre de Jehová de los ejércitos. Y repartió a todo el pueblo, y a toda la multitud de Israel, así a hombres como a mujeres, a cada uno un pan, y un pedazo de carne y una torta de pasas. Y se fue todo el pueblo, cada uno a su casa.

Volvió luego David para bendecir su casa; y saliendo Mical a recibir a David, dijo: ¡Cuan honrado ha quedado hoy el rey de Israel, descubriéndose hoy delante de las criadas de sus siervos, como se descubre sin decoro un cualquiera! Entonces David respondió a Mical: Fue delante de Jehová, quien me eligió en preferencia a tu padre y a toda tu casa, para constituirme por príncipe sobre el pueblo de Jehová, sobre Israel. Por tanto, danzaré delante de Jehová.

Y aun me haré mas vil que esta vez, y seré bajo a tus ojos; pero seré honrado delante de las criadas de quienes has hablado. Y Mical hija de Saúl nunca tuvo hijos hasta el día de su muerte (2 Samuel 6:16-23).

Entonces el rey David fue y se sentó delante de Jehová, y dijo: ¿Quién soy yo, oh Señor, Jehová, y cuál es mi casa, para que me hayas elevado hasta tal punto? (2 Samuel 7:18, Versión Moderna).

Y dijo el rey a Itai geteo: ¿Para qué vienes tú también con nosotros? Vuélvete y quédate con el rey; porque tú eres extranjero, y desterrado también de tu lugar. Ayer viniste, ¿y he de hacer hoy que te muevas para ir con nosotros? En cuanto a mí, yo iré a donde pueda ir; tú vuélvete, y haz volver a tus hermanos; y Jehová te muestre amor permanente y fidelidad (2 Samuel 15:19-20).

Y he aquí, también iba Sadoc, y con él todos los levitas que llevaban el arca del pacto de Dios; y asentaron el arca del pacto de Dios. Y subió Abiatar después que todo el pueblo hubo acabado de salir de la ciudad. Pero dijo el rey a Sadoc: Vuelve el arca de Dios a la ciudad. Si yo hallare gracia ante los ojos de Jehová, él hará que vuelva, y me dejará verla y a su tabernáculo. Y si dijere: No me complazco en ti; aquí estoy, haga de mí lo que bien le pareciere (2 Samuel 15:24-26).

Y vino el rey David hasta Bahurim; y he aquí salía uno de la familia de la casa de Saúl, el cual se llamaba Simei hijo de Gera; y salía maldiciendo, y arrojando piedras contra David, y contra todos los siervos del rey David; y todo el pueblo y todos los hombres valientes estaban a su derecha y a su izquierda. Y decía Simei, maldiciéndole: ¡Fuera, fuera, hombre sanguinario y perverso! Jehová te ha dado el pago de toda la sangre de la casa de Saúl, en lugar del cual tú has reinado, y Jehová ha entregado el reino en mano de tu hijo Absalón; y hete aquí sorprendido en tu maldad, porque eres hombre sanguinario.

Entonces Abisay hijo de Sarvia dijo al rey: ¿Por qué maldice este perro muerto a mi señor el rey? Te ruego que me dejes pasar, y le quitaré la cabeza. Y el rey respondió: ¿Qué tengo yo con vosotros, hijos de Sarvia? Si él así maldice, es porque Jehová le ha dicho que maldiga a David. ¿Quién, pues, le dirá: ¿Por qué lo haces así? Y dijo David a Abisay y a todos sus siervos: He aquí, mi hijo que ha salido de mis entrañas, acecha mi vida; ¿cuán-

to más ahora un hijo de Benjamín? Dejadle que maldiga, pues Jehová se lo ha dicho. Quizá mirará Jehová mi aflicción, y me dará Jehová bien por sus maldiciones de hoy. Y mientras David y los suyos iban por el camino, Simei iba por el lado del monte delante de él, andando y maldiciendo, y arrojando piedras delante de él, y esparciendo polvo. Y el rey y todo el pueblo que con él estaba, llegaron fatigados, y descansaron allí. (2 Samuel 16:5-14).

Y todo el pueblo disputaba en todas las tribus de Israel, diciendo: El rey nos ha librado de mano de nuestros enemigos, y nos ha salvado de mano de los filisteos; y ahora ha huido del país por miedo de Absalón. Y Absalón, a quien habíamos ungido sobre nosotros, ha muerto en la batalla. ¿Por qué, pues, estáis callados respecto de hacer volver al rey?

Y el rey David envió a los sacerdotes Sadoc y Abiatar, diciendo: Hablad a los ancianos de Judá, y decidles: ¿Por qué seréis vosotros los postreros en hacer volver el rey a su casa, cuando la palabra de todo Israel ha venido al rey para hacerle volver a su casa? Vosotros sois mis hermanos; mis huesos y mi carne sois. ¿Por qué, pues, seréis vosotros los postreros en hacer volver al rey? Asimismo diréis a Amasa: ¿No eres tú también hueso mío y carne mía? Así me haga Dios, y aun me añada, si no fueres general del ejército delante de mí para siempre, en lugar de Joab. Así el corazón de todos los varones de Judá, como el de un solo hombre, para que enviasen a decir al rey: Vuelve tú, y todos tus siervos. Volvió, pues, el rey, y vino hasta el Jordán. Y Judá vino a Gilgal para recibir al rey y para hacerle pasar el Jordán (2 Samuel 19:9-15).

En el tiempo del Antiguo Testamento, David vino a ser la segunda persona a quien Dios hizo rey; el primer rey, Saúl, también había sido establecido por él. David era la autoridad recién instituida por Dios, el nuevo ungido del Señor; mientras que Saúl era la autoridad desechada, aquel cuya unción pertenecía al pasado, porque el Espíritu de Dios ya lo había abandonado. Observemos ahora como se sometió David a la autoridad, no haciendo ningún intento de establecer su propia autoridad.

ESPERANDO A DIOS PARA CONSEGUIR LA AUTORIDAD

lo. de Samuel 24 consigna lo que ocurrió en En-gadi. David cortó la orilla del manto de Saúl y se le turbó el corazón, porque su conciencia era sumamente sensible. El capítulo 26 nos relata cómo se llevó David la lanza y la vasija de agua de Saúl. Probablemente pensó que al llevarse estas cosas tendría una prueba de su presencia y así le escucharían con más atención. Pero ésta es la manera de actuar de un abogado y no la de un creyente. El creyente se interesa en los sentimientos, no en los argumentos; trata con los hechos, no con la prueba. Ahora bien, es cierto que al principio David actuó como abogado; pero teniendo el sentir de un creyente, se le turbó inmediatamente el corazón. Delante de Dios somos gente que se interesa por los hechos y no por la política; por lo tanto, no ponemos énfasis en el procedimiento. Aunque el cortar la orilla de un manto y llevarnos una lanza y una vasija de agua harían que se nos prestara más atención, se nos turbaría, sin embargo, el corazón.

David podía someterse a la autoridad. Jamás invalidó la autoridad de Saúl; simplemente esperaba en Dios para conseguir su autoridad. No trató de ayudar a Dios para que lo hiciera; en cambio, voluntariamente esperaba en Dios. Todo aquel que ha de ser autoridad delegada de Dios debe aprender a no tratar de conseguir la autoridad por sí mismo.

LAS AUTORIDADES DEBEN SER ELEGIDAS POR AMBOS: DIOS Y LA IGLESIA

El capítulo 2 Samuel 1 nos relata como un hombre mató a

Saúl, y cómo luego David se volvió y juzgó al homicida. ¿Por qué? Porque éste había violado el principio de la autoridad. Aunque la violación no iba dirigida contra David, él juzgó el caso porque era una violación de la autoridad.

Después de la muerte de Saúl, David consultó a Dios con respecto a qué ciudad debería ir. Humanamente hablando, David y su ejército deberían dirigirse rápidamente a Jerusalén, pues allí estaba el palacio. Era ésta una oportunidad que no debía perderse. Pero David le preguntó a Dios y él le dijo que fuera a Hebrón, que a la sazón era una ciudad pequeña e insignificante. Al ir David allá demostró que él no trataba de apoderarse de la autoridad por su propia iniciativa. El esperaba que lo ungiera el pueblo de Dios. Samuel lo había ungido primero porque Dios lo había escogido. Ahora lo ungía Judá porque el pueblo lo había elegido. Esta acción simboliza a la iglesia haciendo sus elecciones. David no podía oponerse ni negarse a que el pueblo lo ungiera; no podía decir: «Puesto que ya tengo sobre mí la unción de Dios, no necesito la unción de ustedes.» Ser ungido por Dios es una cosa; ser ungido por el pueblo de Dios es otra. Pero es necesario tener la elección de la iglesia así como la de Dios. Nadie puede imponerse a otros.

David no fue a Jerusalén, porque esperaba que lo ungiera el pueblo de Dios. Se quedó siete años en Hebrón. Aunque no fue un período breve, David no se impacientó. Dios nunca escoge para que sea autoridad a nadie que esté lleno de egoísmo ni que busque su propia gloria. Dios había ungido a David para que fuera rey sobre toda la nación de Israel así como sobre todo Judá; pero el pueblo de Dios aún no había aceptado totalmente esto. Dado que lo había ungido la casa de Judá, vino a ser rey primeramente sobre esta casa. En cuanto a lo demás, no estaba ansioso; bien podía esperar.

Después de reinar siete años en Hebrón, todas las tribus de Israel ungieron a David por rey, reinando así 33 años en Jerusalén. Por su propia naturaleza, la autoridad no puede promoverse por sí misma ni puede tampoco imponerse sobre otros; debe ser establecida por Dios y ungida por los hombres. Para estar en autoridad sobre los hijos de Dios se necesita tanto la unción del Señor como la del pueblo. Jamás durante esos siete años (período comprendido entre los 30 y 37 años de edad del rey), dudó David de que sería ungido por el pueblo de Israel. En este asunto se sometió bajo la mano de Dios.

Todos los que conocen a Dios pueden esperar. Si nuestros motivos son rectos, seremos reconocidos no sólo por el Señor como representante suyo sino también por la iglesia como representante de Dios. Nunca disputemos con la carne, ni siquiera para levantar un dedo. Nadie puede levantarse y afirmar: «Yo soy la autoridad establecida de Dios; todos ustedes tienen que someterse a mí.» Primero debemos aprender a tener ministerio espiritual delante del Señor y entonces, al tiempo señalado por Dios, podremos estar entre sus hijos para servirles.

MANTENIENDO LA AUTORIDAD

¿Por qué David tuvo que esperar en Hebrón? Porque después de la muerte de Saúl, su hijo Is-boset le sucedió como rey en Jerusalén. Posteriormente, Recab y Baana asesinaron a Is-boset y trajeron su cabeza a Hebrón, creyendo que traían buenas nuevas. En cambio, David los mató. Los juzgó porque se habían rebelado contra la autoridad. Cuanto más sabe uno ser autoridad, tanto más capaz es de mantenerla. Nadie debiera permitir que se menoscabara la autoridad de otra persona a fin de establecer la suya propia. Cada vez que haya rebelión contra la autoridad—y aunque ella no sea dirigida contra usted—, tal rebelión debe ser juzgada. No trate con la gente sólo cuando desobedece su autoridad.

NO EXISTE LA AUTORIDAD DELANTE DE DIOS

2 Samuel 6 nos refiere que, siendo ya rey sobre todo Israel, David danzó delante del arca. Al verlo, Mical su esposa, hija de Saúl, lo menospreció en su corazón. Mical creía que David, siendo rey, debía ser honrado delante del pueblo de Israel; es decir, debía mantener su dignidad, como lo había hecho Saúl el padre de ella. Pero David lo veía de diferente manera. Él creía que en la presencia de Dios no tenía ninguna autoridad, porque era bajo y vil. En su opinión, Mical cometió la misma falta que su padre, quien, aun después que Dios lo desechara porque se había rebelado al perdonar a lo mejor de las ovejas y del ganado mayor, todavía deseaba salvar las apariencias pidiéndole a Samuel que lo honrara delante del pueblo de Israel. Mical estaba familiarizada con esta manera de actuar, pero ésta era diferente de la de David. El resultado fue que Dios aceptó a David, pero juzgó a Mical cerrándole la matriz. Hasta el presente, todos los que sigan el camino de Mical serán privados de descendencia.

Todo aquel que representa a la autoridad debe ser bajo y humilde delante de Dios así como también delante del pueblo de Dios. No debe ser altivo; ni debe procurar mantener su propia autoridad entre los hombres. Aunque David era rey en el trono, delante del arca de Dios era igual que su pueblo. Mical creía que David también era rey en la presencia de Dios. Como no pudiera soportar al ver a David que danzaba delante del arca, se mofó de él, diciendo; «¡Cuán honrado ha quedado hoy el rey de Israel!» Aunque algunos sean escogidos para ser autoridades en la iglesia, delante de Dios todos son iguales. Aquí es donde se hallan el fundamento y el secreto de la autoridad.

SIN CONCIENCIA DE LA AUTORIDAD

Me gustan especialmente las palabras de 2 Samuel 7:18: «Entonces el rey David fue y se sentó delante de Jehová» (Versión

Moderna). El templo todavía estaba por construirse, así que el arca estaba en una tienda; y David se sentó en el suelo. Allí Dios hizo un pacto con David, y allí también David le ofreció una hermosa oración. En esta oración nos encontramos con un espíritu tierno y sensible. Antes de ser rey, David era un poderoso guerrero; nadie podía estar delante de él. Ahora que era rey, se sentaba humildemente en el suelo. Seguía siendo un hombre humilde.

Mical, que había nacido en el palacio, deseaba retener su majestad, tal como lo había hecho su padre. No podía ver la diferencia que hay entre un hombre que entra en la presencia de Dios y uno que sale de su presencia. Salir de la presencia de Dios es hablar y actuar por Dios con autoridad; pero entrar en su presencia es postrarse uno a los pies del Señor, reconociendo lo indigno que es David era verdaderamente un rey establecido por Dios, puesto que tenía la autoridad de Dios. Cristo fue no solo hijo de Abraham sino también hijo de David. El nombre del último rey mencionado en la Biblia es el de David. No es, pues, sorprendente que David, no obstante ser rey, careciera de toda conciencia de su reinado y sólo tuviera conciencia de su indignidad.

Todo el que piensa o siente que es autoridad no es digno de ser esa autoridad. Cuanto más autoridad tiene uno, tanto menos conciencia tiene de ella. Uno que representa la autoridad de Dios debe tener en sí esta bendita necedad: tener autoridad, pero sin tener conciencia de ser autoridad.

LA AUTORIDAD NO NECESITA SOSTENERSE A SÍ MISMA

La rebelión de Absalón fue doble; como hijo se rebeló contra su padre, y como ciudadano se sublevó contra su soberano. Cuando David huyó de la ciudad tenía una tremenda necesidad de seguidores. Aun así, pudo decirle a Itai: *«Vuélvete y quédate con el rey; porque tú eres extranjero, y desterrado tam-*

bién de tu lugar» (2 Samuel 15:19). ¡Qué noble era el corazón de David! Aun en su desgracia no quiso llevar hombres consigo. En realidad, no es fácil conocer a una persona cuando todo va bien, pero en la prueba se revela claramente lo que es.

Luego llegaron los sacerdotes con el arca. Ahora bien, si el arca hubiera acompañado a David, seguramente muchos del pueblo de Israel lo habrían seguido. Pero David se levantó de su aflicción. No dejaría que el arca lo siguiera; antes bien dejaría que Dios hiciera con él lo que estimara conveniente. Su actitud era de absoluta sujeción a la poderosa mano de Dios. Por eso dijo: *«Si yo hallare gracia ante los ojos de Jehová, él hará que vuelva, y me dejará verla y a su tabernáculo. Y si dijere: No me complazco en ti; aquí estoy, haga de mí lo que bien le pareciere»* (2 Samuel 15:25-26). Así persuadió David a volverse a Sadoc y a todos los sacerdotes que llevaban el arca.

Tales palabras parecen fáciles de decir; pero en el momento de emprender la retirada son sumamente difíciles de pronunciar. Los que huían de la ciudad eran pocos, y Jerusalén estaba llena de rebeldes. Sin embargo, David pudo enviar de vuelta a sus buenos amigos. ¡Cuan puro era el corazón de David! Subió la cuesta de los Olivos, llorando mientras la subía, con la cabeza cubierta y los pies descalzos. ¡Qué manso y humilde era!

Tal es, en realidad, la condición de la autoridad establecida por Dios. ¿Por qué luchar con los hombres? Si uno es rey o no, es cosa que la determina Dios; no depende de la multitud de seguidores, ni siquiera de la presencia del arca. David no sentía ninguna necesidad de procurar sostener su autoridad por sí mismo.

LA AUTORIDAD PUEDE SOPORTAR LA PROVOCACIÓN

Un espíritu rebelde es contagioso. Por el camino salió Simei, quien maldecía a David y arrojaba piedras contra él, diciendo: *«Jehová te ha dado el pago de toda la sangre de la casa de Saúl*» (2 Samuel 16:8). Nada podía ser mas lejos de la verdad, puesto que David no había derramado sangre de la casa de Saúl. A pesar de eso, David no argumentó, ni procuró vengarse, ni resistió. Aún tenía a sus hombres valientes a su lado, y estaba en su poder el matar a ese hombre. Pero en vez de hacer eso, David disuadió a sus hombres de matar a Simei, diciendo: «*Dejadle que maldiga, pues Jehová se lo ha dicho*» (2 Samuel 16:11).

¡Qué hombre más contrito y tierno era David! Al leer la Biblia, necesitamos compenetrarnos del espíritu de David en esta hora. En su desesperación y tristeza del momento, seguramente podría desahogarse un poco con Simei. Pero David era hombre de absoluta obediencia. Se sometió a Dios y aceptó todo como que venía de Dios.

Aprendamos esta lección: el hombre de autoridad establecido por Dios puede soportar la provocación. Si la autoridad que usted tiene no puede ser ofendida, quiere decir que usted no es idóneo para estar en autoridad. No se imagine que puede ejercer libremente la autoridad tan solo porque Dios lo ha designado. Solamente los que obedecen son aptos para estar en autoridad.

APRENDAMOS A HUMILLAMOS BAJO LA PODEROSA MANO DE DIOS

Después de la muerte de Absalón, David no volvió inmediatamente al palacio. ¿Por qué? Porque Absalón también había sido ungido rey por el pueblo. David debía, por tanto, esperar. Luego las once tribus vinieron al rey a pedirle que volviera; pero la tribu de Judá guardaba silencio. Así que David, para reconfortar sus corazones, envió un mensaje a Judá ya que él mismo era de esa tribu, si bien ahora lo habían expulsado. Por lo tanto, debía esperar que todo su pueblo le pidiera que volviese. En realidad, Dios había establecido originalmente a

David; pero cuando vinieron las pruebas, el monarca aprendió a humillarse bajo la poderosa mano de Dios. No se mostró ansioso ni luchó por sí mismo. El pueblo de Dios peleó todas las batallas.

Todos los que Dios utiliza para estar en autoridad deben tener el espíritu de David. Nadie se defienda ni hable a favor suyo. El hombre debe aprender a esperar y a ser humilde delante de Dios. El más obediente es el que está más calificado para estar en autoridad. Cuanto más bajo se postre uno delante de Dios, tanto más pronto lo vindicará el Señor.

CAPÍTULO 18

La vida diaria y la motivación interior de las autoridades delegadas

Entonces Jacobo y Juan, hijos de Zebedeo, se le acercaron, diciendo: Maestro, querríamos que nos hagas lo que pidiéremos. El les dijo: ¿Qué queréis que os haga? Ellos le dijeron: Concédenos que en tu gloria nos sentemos el uno a tu derecha, y el otro a tu izquierda. Entonces Jesús les dijo: No sabéis lo que pedís. ¿Podéis beber del vaso que yo bebo, o ser bautizados con el bautismo con que yo soy bautizado? Ellos dijeron: Podemos. Jesús les dijo: A la verdad, del vaso que yo bebo, beberéis, y con el bautismo con que yo soy bautizado, seréis bautizados; pero el sentaros a mi derecha y a mi izquierda, no es mío darlo, sino a aquellos para quienes está preparado. Cuando lo oyeron los diez, comenzaron a enojarse contra Jacobo y contra Juan. Mas Jesús, llamándolos, les dijo: Sabéis que los que son tenidos por gobernantes de las naciones se enseñorean de ellas, y sus grandes ejercen sobre ellas potestad. Pero no será así entre vosotros, sino que el que quiera hacerse grande entre vosotros será vuestro servidor, y el que de vosotros quiera ser el primero, será siervo de todos. Porque el Hijo del Hombre no vino para ser servido, sino para servir, y para dar su vida en rescate por muchos (Marcos 10:35-45).

BEBAMOS DEL VASO DEL SEÑOR Y SEAMOS BAUTIZADOS CON EL BAUTISMO DEL SEÑOR

Raras veces mientras estaba en la tierra, nuestro Señor enseñó a la gente a estar en autoridad, ya que no era éste su propósito al venir al mundo. El pasaje más claro en que el Señor dio instrucciones sobre la autoridad es éste que encontramos en Marcos 10. Si alguien desea saber cómo estar en autoridad, debe leer este pasaje. El Señor nos muestra aquí el camino a la autoridad. Todo comenzó con Jacobo y Juan. Ellos ansiaban sentarse a ambos lados del Señor en su gloria. Conociendo la impropiedad de tal petición, no se atrevieron a expresarla directamente sino que astutamente propusieron que el Señor les concediera lo que iban a pedir. Querían obtener primero una promesa del Señor.

Pero el Señor no les prometió nada; en vez de eso, les preguntó qué querían que les hiciera. Y ellos le dijeron: «Concédenos que en tu gloria nos sentemos el uno a tu derecha, y el otro a tu izquierda.» Tal petición tenía dos significados. 1) estar cerca del Señor, y 2) tener más autoridad. Era justo que desearan estar cerca del Señor; pero su petición implicaba mucho más que eso al desear tener más autoridad en la gloria que los otros diez discípulos. ¿Cómo les respondió el Señor? Ya que antes les había preguntado qué querían que les hiciera, ahora les dice que no saben lo que piden.

El Señor no desechó el deseo de sus discípulos de estar cerca de él o de ocupar un puesto de autoridad, ni les desaprobó su anhelo de sentarse a su derecha y a su izquierda. Simplemente les contestó que tenían que beber del vaso que él bebía y ser bautizados con su bautismo antes de poder sentarse a su derecha y a su izquierda. Jacobo y Juan creían que podían conseguir lo que querían por el simple hecho de pedirlo; pero el Señor les respondió que esto no se conseguía pidiendo sino bebiendo de su vaso y recibiendo su bautismo. Es evidente, por lo tanto, que a menos que los hombres beban del vaso del Señor y reciban su bautismo, no pueden acercarse a él ni tener autoridad.

¿Qué son el vaso y el bautismo del Señor?

¿Qué significado tiene el vaso o copa del Señor? En el huerto de Getsemaní, cuando le fue presentada una copa, el Señor oró, diciendo: «Padre mío, si es posible, pase de mí esta copa; pero no sea como yo quiero, sino como tú» (Mateo 26:39). En ese momento la copa y la voluntad de Dios no eran una todavía. Se podía quitar la copa; pero no se podía cambiar la voluntad de Dios. Podría ser que el Señor no necesitara aún beber la copa, aunque él deseaba hacer la voluntad de Dios en todo sentido. Su actitud era ésta: si fuera la voluntad de Dios que él bebiera la copa, la bebería; pero si no era la voluntad de Dios, no bebería la copa. Tal actitud nos mueve a adorar a Dios. Lo que el Señor enfatizó en el huerto fue si la copa era o no la voluntad de Dios. Luego de orar así tres veces, supo que la copa y la voluntad de Dios eran una sola cosa. Por eso dijo prontamente: «La copa que el Padre me ha dado, ¿no la he de beber?» (Juan 18:11). En el huerto todavía existía la posibilidad de que la copa pasara de él, puesto que ésta y la voluntad de Dios aún tenían que unirse. Después de esta experiencia en el huerto, sin embargo, el Señor supo que la copa era una sola con la voluntad de Dios. Por lo tanto, fuera de Getsemaní, la copa ya era una sola con la voluntad de Dios. Era una copa que el Padre le había dado y que él tenía que beber.

Esta es una lección espiritual muy profunda. Al principio el Señor no tenía ningún interés en la cruz; más bien estaba ocupado en hacer la voluntad de Dios. Aunque su crucifixión era tremendamente importante, todavía no podía sustituir a la voluntad de Dios. La cruz en la cual él murió en rescate por muchos no puede superar la voluntad de Dios. El no viene a ser crucificado sino a hacer la voluntad de Dios. Esta es superior a la cruz. Por lo tanto, la crucifixión del Señor no es por causa de la cruz sino por hacer la voluntad de Dios. El fue crucificado por consideración al Padre. No tenía ninguna relación directa con la cruz; su única relación directa era con la voluntad de Dios. El optó por la voluntad de Dios, no por la cruz. En consecuencia, el beber él la copa significaba su sujeción a la poderosa autoridad de Dios en obediencia a la voluntad del Padre. Así pues, él preguntó a Jacobo y a Juan: «¿Podéis beber del vaso que yo bebo?»

Muchos pueden relacionarse con la consagración, el sufrimiento o la obra; pero debiéramos mantenernos en relación directa solamente con la voluntad de Dios. Hay quienes al estar comprometidos en la obra no sirven para nada más. Llegan a estar tan ligados a ella que les demanda toda su atención. Ya no pueden aceptar nada mas de la voluntad de Dios. Insisten en seguir hasta el fin, ya que no trabajan por la voluntad de Dios sino por la obra. No sucede así con el Señor. Tan decidido estaba a hacer la voluntad de Dios que hasta consideraba posible que no fuera crucificado. Sin embargo, una vez que le fue evidente que en su caso la voluntad de Dios sí era la cruz, la aceptó de inmediato, haciendo caso omiso de sus indecibles dolores. Por eso les preguntó a Jacobo y a Juan: «¿Podéis rendiros a Dios como yo? Este es el vaso del Señor.»

Los que obedecen a Dios se relacionan únicamente con la voluntad de Dios; todo lo demás está sujeto a cambio. Antes de hacer la voluntad de Dios, deben someterse primero a su autoridad. En el huerto de Getsemaní el Señor llega a la cumbre de su obediencia. No confunde la copa con la voluntad de Dios El objeto de su obediencia es la voluntad de Dios; no es la copa su objetivo. El siempre obedece a la voluntad de Dios porque considera que ésta es superior a todo. No es la obra ni el sufrimiento, y ni siquiera la cruz, sino la voluntad de Dios. El Señor parecía decirles a Jacobo y a Juan: «El poder sentaros o no a mi derecha y a mi izquierda depende de que bebáis de mi vaso, que en este caso es la absoluta obediencia a la voluntad de Dios.»

¿Y qué significa el bautismo del Señor? Este no se refiere al bautismo en el río Jordán, puesto que este último era un suceso pasado. No; se refiere al futuro, a su muerte en la cruz. *«De un bautismo tengo que ser bautizado», dijo el Señor, «y ¡cómo me angustio hasta que se cumpla!»* (Lucas 12:50). El preveía una liberación de sí mismo. La plenitud de la gloria de Dios estaba atada en su cuerpo encarnado. ¡Qué apretado e incómodo se sentía! ¡Qué bendición sería si se pudiera desatar! La cruz es, por lo tanto, la liberación de la vida así como la expiación por el pecado. Dios libera su vida por medio de la cruz.

En cuanto se libere la vida de Dios se encenderá como se enciende el fuego que es echado en la tierra. Será causa de división y no de paz. Todo lo que el fuego toca se quema. Las familias se dividirán; habrá conflictos entre los creyentes y los incrédulos; los que tienen la vida y los que no la tienen lucharán unos contra otros, y los que se queman y los que no se queman se opondrán entre sí. A esto se le llama el bautismo del Señor. Donde hay vida hay contienda, no paz. Los que han recibido este bautismo son separados de los que no lo han recibido.

Por lo tanto el Señor parece decir aquí: *«Voy a la cruz a liberar la vida para que la gente luche unos contra otros. ¿Podéis hacer lo mismo?»* El bautismo mismo es primeramente muerte y luego vida liberada, siendo la consecuencia del bautismo dividir a la gente. Esto es similar a la afirmación de Pablo cuando dice que *«la muerte actúa en nosotros, y en vosotros la vida»* (2 Corintios 4:12). En el bautismo el Señor se desprende de su cubierta exterior por la muerte y así libera la vida.

Nosotros debemos hacer lo mismo hoy. Tenemos que hacer

que se quebrante el hombre exterior para que fluya la vida interior. Cuando a un hombre se le rompe la cubierta exterior, se lo lleva muy cerca de otros y la vida puede manar con facilidad. De otro modo la vida seguirá encerrada, y el espíritu sin poder manifestarse; y así también seguirá obstruido el camino por donde ha de fluir la vida hacia otros. Es cuando el grano de trigo cae en la tierra y se le rompe la cáscara que comienza a brotar la vida. Por eso el Señor dice: «Todo el que pierda su vida por causa de mí, la hallará» (Mateo 16:25).

El Señor no dice «morir» sino «ser bautizados» no sea que alguien tuerza el sentido de sus palabras para querer decir que Jacobo y Juan participaron en la expiación. En cuanto a la expiación, es únicamente Cristo, como nuestro gran sumo sacerdote, quien hace expiación por nuestros pecados. No hay nadie más que pueda expiar o tener parte en la expiación. En lo que respecta a la parte expiatoria de su muerte en la cruz, no tenemos ninguna parte en ella; pero en cuanto a la parte de su muerte que libera la vida, todos participamos en ella. En consecuencia, el Señor habla aquí sólo de la parte de la muerte que libera la vida, no teniendo nada que ver con la expiación.

Así que el Señor parece decirnos: «El bautismo que voy a recibir romperá mi cubierta exterior y liberará la vida. ¿Están dispuestos a ser bautizados?» A menos que el hombre sea quebrantado, no se podrá liberar la vida. El hombre que no ha sido quebrantado mantiene una gran distancia entre él mismo y otros. Aunque se sienta muy cerca de la gente, nunca podrá ponerse en contacto con ella, porque su vida interior no puede fluir libremente.

En cuanto fluye esta vida, la tierra pierde su paz y comienzan sus conflictos. Muchos se dividen por causa de los que tienen esta vida que fluye. La diferencia entre los que pertenecen al Señor y los que no le pertenecen es grande. Muchas dificultades surgen entre los que tienen al Señor y los que no lo tienen, entre los que conocen a Dios y los que no lo conocen, entre los que pagan el precio y los que no lo pagan, entre los que son fieles y los que no lo son, entre los que aceptan las pruebas y los que las rechazan. Al parecer, el Señor llevó a Jacobo y a Juan a la siguiente conclusión: «Puesto que pedís que os conceda el privilegio de ser diferentes de los demás sentándoos a mi derecha y a mi izquierda, ¿podéis hoy ser distintos del resto de los hijos de Dios? Primero tenéis que beber de mi vaso y ser bautizados con mi bautismo antes de poder sentaros a mi derecha y a mi izquierda en mi gloria.» Y presuntuosamente Jacobo y Juan contestaron: «¡Podemos!»

Aun así, el Señor no les prometió los codiciados asientos de su derecha y de su izquierda. Aunque su petición fuera incorrecta, el Señor tenía que darles la respuesta correcta, su pensamiento es éste: a menos que un hombre beba del vaso del Señor y sea bautizado con su bautismo, no puede sentarse a su derecha ni a su izquierda; y aunque beba y sea bautizado, no puede sentarse a su lado, puesto que esos lugares son para aquellos a quienes Dios se los ha preparado.

LA AUTORIDAD NO CONSISTE EN IMPONERSE SINO EN SERVIR HUMILDEMENTE

Siguiendo con la enseñanza de la autoridad, el Señor llamó a sus discípulos y los instruyó sobre las cosas futuras de la gloria. Les dijo que, entre los gentiles, los hombres procuran la autoridad para dominar a otros. Está bien que procuremos la gloria futura; pero no debemos pensar en dominar o imponernos a los hijos de Dios. El hacerlo nos haría caer en el estado de los gentiles, pues los deseos de ellos son dominar y ejercer autoridad. Tal espíritu debe ser desalojado de la iglesia. Los que el Señor utiliza son los que conocen su vaso y su bautismo. Al beber de su vaso y recibir su bautismo, tendremos naturalmente autoridad. No debemos procurar dominar exteriormente a los hombres. Por lo tanto, debemos echar de nosotros este espíritu de los gentiles. De otro modo seremos incapaces de guiar a otros.

No se debería dar autoridad a quienes procuran ejercerla, puesto que Dios nunca les da autoridad a tales personas. Cuanto más domina el espíritu de los gentiles a una persona, tanto menos puede Dios utilizarla. Pero por extraño que parezca, es al que siente su incompetencia que Dios le da autoridad. Esta es la manera de actuar del Señor y ésta debiera ser también la nuestra. Jamás debemos ser como los políticos, que se ocupan del arte político de la diplomacia. A nadie debemos darle un puesto por temor de que si no se lo damos se puede rebelar. En la casa de Dios el modo de obrar debe ser espiritual y no político. Aunque nuestra actitud sea cortés y tranquila, tenemos que ser fieles delante de Dios. El hombre tiene que postrarse delante de Dios antes de que se lo pueda utilizar; siempre que se exalta a sí mismo Dios lo rechaza.

¡Qué distinta es la autoridad que hay entre los gentiles que la que existe en la iglesia! La primera gobierna por la posición; pero la segunda lo hace por el ministerio de la vida espiritual. Es desastroso que la iglesia caiga en el estado de los gentiles. La iglesia debe mantenerse estrictamente separada de ellos. Si alguno de nosotros se considera competente para ser autoridad, es el menos calificado para serlo. Tenemos que mantener esta sensibilidad en nuestro medio.

PARA SER GRANDE, HAY QUE SER SERVIDOR

La autoridad que Dios designa debe tener un fundamento espiritual: debe beber del vaso, esto es, obedecer en todo sentido la voluntad de Dios; y debe recibir el bautismo, esto es, aceptar la muerte para liberar la vida. Además, no debe tener la intención de ejercer la autoridad; al contrario, debe estar preparada para servir de servidor y siervo de todos. En otras palabras, por una parte tiene un fundamento espiritual y por la otra, el espíritu de humildad. Puesto que tal persona no procura ser autoridad, Dios puede utilizarla como tal. No corresponde hablar de autoridad si no se bebe del vaso y se recibe el bautismo. Al que es verdaderamente fiel y se considera incompetente para todo excepto para ser siervo de todos, a ése proclama el Señor como él que puede ser grande.

En consecuencia, la condición para ser autoridad es un sentimiento de incompetencia e indignidad. De la misma Biblia podemos inferir que Dios jamás ha utilizado a un alma orgullosa. Cuando una persona se enorgullece, en ese mismo momento Dios la desecha. Tarde o temprano su orgullo oculto será revelado por sus palabras, puesto que las palabras siempre traslucen lo que hay en el corazón. En el futuro tribunal de Dios hasta los humildes se sorprenderán en gran manera. Y si esto es verdad, ¡cuánto más será el horror de los orgullosos en aquel día! Tenemos que sentir nuestra incompetencia, ya que Dios usa solamente a los inútiles. La diplomacia no es lo más importante aquí; más bien lo es el tener un sincero sentimiento de que no somos mas que siervos inútiles. Aunque hayamos apacentado el ganado y arado el campo, al volver nuestro Señor todavía nos consideramos siervos inútiles. No nos olvidemos de ponernos en el lugar de un siervo. Dios nunca confía su autoridad a los que se creen justos y competentes. Desechemos el orgullo, aprendamos a ser humildes y corteses y no hablemos nunca por nosotros mismos. Aprendamos a conocernos a nosotros mismos a la luz de Dios.

Por último, el Señor dijo: «Porque el Hijo del Hombre no vino para ser servido, sino para servir, y para dar su vida en rescate por muchos.» El Señor no viene para ser autoridad; viene para servir. Cuanto menos presumidos y más humildes seamos, tanto mayor será nuestra utilidad. Cuanto más engreídos y vanidosos seamos, tanto menor será nuestra utilidad..

Cuanto más engreídos y vanidosos seamos, tanto menor será nuestra utilidad. Nuestro Señor toma forma de siervo, hecho semejante a los hombres. Jamás extiende su mano para apoderarse de la autoridad, puesto que Dios se la da. El Señor Jesús fue exaltado de la humildad a lo sumo; éste es el principio de su vida. No extendamos nuestras manos carnales para apoderarnos de la autoridad carnal. Seamos siervos de todos hasta que un día Dios nos encomiende una responsabilidad especial. Así aprenderemos a representar a Dios. Por eso el ministerio es la base de la autoridad. El ministerio proviene de la resurrección; el servicio, del ministerio; y la autoridad, del servicio Quiera el Señor librarnos de la altivez.

¡Qué terrible será el juicio para los que se apoderan de la autoridad de Dios con sus manos carnales! Ojalá temamos a la autoridad como tememos al fuego del infierno. Representar a Dios no es cosa fácil; es algo demasiado grande y maravilloso para que lo toquemos. Tenemos que andar estrictamente en el camino de la obediencia. Nuestra senda es la obediencia, no la autoridad; es ser servidores, no jefes; es ser esclavos, no gobernantes. Tanto Moisés como David fueron las más grandes autoridades; con todo, no fueron personas que procuraron establecer su propia autoridad. Los que hoy desean estar en autoridad debieran seguir sus pisadas. Siempre deberíamos sentir temor y temblor en este asunto de ser autoridad.

CAPÍTULO 19

Las autoridades delegadas deben santificarse a sí mismas

Y por ellos yo me santifico a mí mismo, para que también ellos sean santificados en la verdad (Juan 17:19).

Ya hemos visto que la autoridad espiritual se basa en la espiritualidad. No es algo asignado por los hombres ni simplemente designado por Dios. Tenemos que recordar que por una parte se basa en la espiritualidad y por la otra se basa en la humilde y obediente condición del hombre delante de Dios. Ahora añadiremos un punto más: el que ha de estar en autoridad tiene que santificarse o apartarse de la gente. Aunque nuestro Señor era enviado de Dios y tenía continuamente comunión con él, todavía afirmaba: «Por ellos (los discípulos) yo me santifico a mí mismo.»

¿QUÉ SIGNIFICA «SANTIFICARSE EL SEÑOR A SÍ MISMO»?

«Santificarse el Señor a sí mismo» significa que por sus discípulos el Señor se abstuvo de hacer muchas cosas que le eran perfectamente legítimas, de decir muchas palabras que lícitamente podría haber dicho, de mantener muchas actitudes que justificadamente podría haber tenido, de ponerse muchas clases de ropa que le habrían sido apropiadas, y de tomar muchos alimentos que en su caso habrían sido lo más natural. Siendo el Hijo de Dios que no conoció pecado, su libertad excedía ampliamente a todo lo que tenemos en la tierra . Muchas cosas hay que no podemos hacer porque tenemos defectos en nosotros; muchas palabras que no podemos decir porque somos inmundos. Pero no había tal dificultad en la vida de nuestro Señor, puesto que él es santísimo. Necesitamos humillarnos, porque nuestra naturaleza está llena de orgullo. Pero nuestro Señor jamás fue orgulloso, por lo cual no necesitaba humillarse. Además, nosotros necesitamos paciencia, porque por naturaleza somos impacientes; nuestro Señor, sin embargo, nunca fue impaciente, así que no tenía necesidad de paciencia. De muchas cosas él no necesitaba abstenerse, puesto que era totalmente exento de pecado. Hasta su ira era sin pecado. No obstante, él dice: «Y por ellos yo me santifico a mí mismo.» Estaba dispuesto a abstenerse de muchas cosas.

Con respecto a la santidad, el Señor no sólo tiene en mente su propia santidad sino también la nuestra. Toda santidad que tengamos nos hará santificarnos o apartarnos del mundo; en consecuencia, hay muchas cosas que no podemos hacer. Además de su propia santidad, el Señor añade la nuestra; por eso se santifica a sí mismo. Por nosotros él acepta las restricciones que provienen de los hombres. Dado que él habla y obra según su santidad—mientras que los hombres siempre hablan o juzgan según sus pecados—, estaba dispuesto a aceptar restricciones para no ser mal interpretado por los pensamientos pecaminosos de los hombres. Nosotros no hacemos ciertas cosas a causa del pecado; pero el Señor se abstiene debido a la santidad. Nosotros no hacemos ciertas cosas, porque no debemos hacerlas; pero él no hace lo que podría hacer. Por consideración a la autoridad de Dios, el Señor se abstiene de hacer muchas cosas a fin de manifestar su separación del mundo. Esto es lo que se quiere decir con «santificarse el Señor a sí mismo».

EL ESTAR EN AUTORIDAD CON FRECUENCIA IMPLICA SOLEDAD

Al aprender a estar en autoridad debemos ser santos ante los hermanos. Hay muchas cosas legítimas que no podemos hacer y muchas palabras lícitas que no podemos pronunciar. Debemos ser santos tanto en palabras como en sentimientos. Según nosotros mismos tomamos cierta actitud; pero entre los hijos de Dios debemos ser santos. Hasta nuestra comunión con los hermanos debe tener un límite más allá del cual no debemos ser ni informales ni frívolos. Antes debemos perder nuestra libertad; y debemos quedarnos solos. La soledad es la característica de la autoridad. Y no es por el orgullo sino por representar la autoridad de Dios.

No se trata aquí de un asunto de pecado, sino de santificación. Lo opuesto a la santidad es lo común, no el pecado. Ser santo es ser diferente de los demás. Hay muchas cosas lícitas que no haremos; muchas palabras aceptables que no diremos. Esto no es una pretensión externa sino el refrenamiento de Dios en el espíritu. Tan sólo de este modo podemos ser autoridades delegadas de Dios.

El que está en autoridad representa a Dios en todas las palabras y hechos de Aquél. Como vemos en Números 20:12, Moisés no santificó a Dios delante del pueblo de Israel ni tampoco se santificó a sí mismo delante de ellos. Representó mal a Dios, por lo cual no pudo entrar en Canaán. Los gorriones vuelan en bandadas, mientras que las águilas vuelan solas. Si solamente podemos volar bajo porque no podemos soportar la soledad del vuelo a gran altura, somos incompetentes para estar en autoridad. El estar en autoridad requiere refrenamiento; uno tiene que santificarse a sí mismo. Otros pueden hacer ciertas cosas, pero usted no; otros pueden decir ciertas palabras, pero usted no. Usted tiene que obedecer al Espíritu del Señor cuando le enseña dentro de usted. Puede que se sienta solo y eche de menos el entusiasmo de la multitud; no obstante, no se atreve a juntarse con los hermanos para jugar y bromear. Este es el precio de la autoridad. A menos que, como nuestro Señor, nos santifiquemos a nosotros mismos, no seremos aptos para estar en autoridad.

Aun así, en lo que respecta a ser miembros unos de otros, todo el que está en autoridad debe actuar con perfecta naturalidad al mantener la comunión del cuerpo con todos los hermanos. En consecuencia, al representar a Dios debe santificarse a sí mismo en sujeción a Dios para poder ser ejemplo de todos; mientras que como miembro del cuerpo debe servir con todos sus hermanos en coordinación, sin asumir jamás la falsa posición de estar en una clase especial.

EL ESTAR EN AUTORIDAD REQUIERE QUE REFRENEMOS NUESTROS SENTIMIENTOS DE AFECTO

Levítico 10:1-7 registra el juicio de Nadab y Abiú por no sujetarse a la autoridad de su padre Aarón. El mismo día que su padre fue ungido, los cuatro hijos de Aarón también fueron ungidos sacerdotes en el santuario. Ellos no debían ministrar individualmente sino ayudar a su padre en el servicio de Dios. Así pues, no se les permitía iniciar nada. Pues bien, sin autorización de su padre y según sus propios pensamientos, Nadab y Abiú ofrecieron fuego extraño, y por consiguiente, fueron consumidos por el fuego. Entonces Moisés le dijo a Aarón: «Esto es lo que habló Jehová, diciendo: En los que a mí se acercan me santificaré.» En este incidente Dios revela algo: que nunca deben ser negligentes los que se acercan a él. Hay una disciplina mucho más severa para ellos que para el pueblo en general.

¿Qué podía hacer Aarón cuando dos de sus cuatro hijos, Nadab y Abiú, habían muerto en un día? Porque él tenía una doble relación en este caso: era el sacerdote delante de Dios;

pero también era el jefe de su familia. ¿Puede una persona servir a Dios hasta el punto de olvidarse de su propio hijo? Según la costumbre del pueblo de Israel, cuando moría alguien de una familia los miembros de esa familia se soltaban el cabello y rasgaban su ropa. Pero en este caso Moisés ordenó sacar los cadáveres y prohibió a Aarón y a sus otros dos hijos que siguieran la costumbre de su tiempo.

El duelo es un sentimiento humano normal y perfectamente legítimo. Pero a los israelitas que servían a Dios, como en este caso, les estaba prohibido hacer duelo, para que no murieran. ¡Qué serio es esto! A los que servían a Dios se los juzgaba de distinta manera que a los israelitas comunes. No podían hacer lo que sí podía hace todo el resto del pueblo de Israel. Para un padre el llorar por su hijo, o para los hermanos hacer luto por sus hermanos, era lícito y natural; pero los que tenían sobre sí el aceite de la unción tenían que santificarse a sí mismos. No era cuestión de pecado por parte de ellos lo que estaba involucrado en este caso. Pero no todo lo que es lícito—aun cuando en lo lícito no está involucrado el pecado— puede hacerse indistintamente. Aquí no se trata del pecado, sino de la santificación.

Como ya se ha dicho, lo opuesto a lo santo es lo común. La santidad se refiere a lo que otros pueden hacer, pero yo no. Lo que los discípulos podían hacer, el Señor no lo hacia. Lo que otros hermanos pueden hacer, los que están en autoridad no. Hasta los sentimientos legítimos tienen que ser puestos bajo control; de otro modo, la consecuencia puede ser la muerte. El pueblo de Israel moría a causa de sus pecados; pero los sacerdotes podían morir por no estar santificados. En el caso de los israelitas, el que mataba debía morir; pero en el de Aarón, si él hubiera hecho luto por sus hijos, habría muerto. Los que están en autoridad tienen que pagar el precio por ello.

Aarón ni siquiera pudo salir del tabernáculo; tuvo que dejar que otros sepultaran a los muertos. El pueblo de Israel no vivía en el tabernáculo, mientras que a Aarón y a sus hijos no se les permitía salir de la puerta del tabernáculo. Ellos debían guardar diligentemente el mandamiento de Dios. El aceite de la unción nos santifica o separa de nuestros afectos naturales así como también de nuestra conducta habitual. Debemos respetar el aceite de la unción que Dios nos da.

Tengamos, por tanto, un cuidadoso comportamiento delante de Dios con respecto a nuestra santificación o separación del resto de la gente, El mundo y los hermanos comunes pueden continuar con sus afectos familiares; pero las autoridades delegadas de Dios deben mantener la gloria de Dios. No deben manifestar sus propios sentimientos ni actuar descuidadamente o con rebeldía; más bien deben alabar al Señor por ver su gloria.

Los que ministran son ungidos por Dios y deben sacrificar sus propios afectos, renunciando aun a los que son legítimos. Todos los que quieren mantener la autoridad de Dios tienen que saber oponerse a sus propios sentimientos, esto es, saber desechar sus más profundos sentimientos hacia sus parientes, amigos y seres amados. La exigencia de Dios es gravosa: a menos que uno deseche sus propios sentimientos de afecto, no puede servir a Dios. El que se santifica es siervo de Dios; el que no se santifica es persona común.

SANTIFICADOS EN LA VIDA Y EL PLACER

¿Por qué Nadab y Abiú ofrecieron fuego extraño? Leemos que después de lo que les sucedió Dios le dijo a Aarón: «Tú, y tus hijos contigo, no beberéis vino ni sidra cuando entréis en el tabernáculo de reunión» (Levítico 10:9). Todos los que saben leer la Biblia coinciden en que estos, dos hombres ofrecieron fuego extraño porque estaban borrachos. Al pueblo de Israel se le permitía beber vino y sidra; pero a los sacerdotes de Dios les estaba absolutamente vedado el tocarlos.

Es, pues, cuestión de placer. Otros pueden gozarse; pero nosotros no. Otros pueden regocijarse en los placeres (porque el vino habla de regocijo); pero nosotros no. La gente que sirve a Dios está bajo disciplina para poder distinguir entre lo santo y lo profano, y entre lo inmundo y lo limpio. Aunque es cierto que necesitamos mantener la comunión del cuerpo con todos los hermanos, hay, sin embargo, períodos de servicio especial cuando no debemos ser negligentes. No debe hacerse ninguna cosa que dé rienda suelta al desenfreno.

Levítico 21 registra las exigencias especiales que Dios impuso sobre los sacerdotes que le servían para santificarse a sí mismos. Estas exigencias eran las siguientes:

1. Ninguno de ellos debía contaminarse por los muertos que hubiera entre su pueblo, a menos que fuera un pariente cercano. (Esto era una petición corriente.)

2. Debían ser santos en su cuerpo y vestimenta. No debían hacer tensuras en su cabeza, ni raer la punta de su barba (puesto que los egipcios hacían estas cosas cuando adoraban el sol), ni hacer rasguños en su carne (lo cual hacían los africanos).

3. Debían ser santos en su matrimonio.

4. En cuanto al sumo sacerdote, las exigencias de Dios eran aun más gravosas. No debía entrar donde hubiera una persona muerta; y tampoco debía contaminarse por su padre ni por su madre.

Cuanto más alto es el cargo, mas estrictas son las exigencias. El grado de cercanía de Dios viene a ser el grado de sus exigencias. Al que más le confíe Dios, más le pedirá. Dios tiene especial interés en si sus siervos se han santificado o no.

LA AUTORIDAD SE BASA EN LA SANTIFICACIÓN

La autoridad se fundamenta en la santificación. Sin santificación no puede haber autoridad. Si usted quiere vivir con la gente, no puede ser autoridad. No puede representar a Dios si mantiene una comunicación muy liberal e indefinida con la gente. Cuanto mayor es la autoridad, mayor es también la separación. Dios es la máxima autoridad; en consecuencia, él esta sobre todo. Aprendamos a santificarnos o separarnos de lo inmundo y profano. El Señor Jesús puede hacer todo lo que quiera; pero por sus discípulos se santifica a sí mismo. Se aparta y se pone al lado de la santidad.

Ojalá deseemos agradar a Dios sinceramente también y procuremos así la santificación más profunda. Esto significa que seremos diferenciados de la gente común, si bien no estaremos separados de los hijos de Dios como si fuésemos más santos que ellos. Cuanto más santos y sujetos a la autoridad de Dios seamos, tanto más podremos ser autoridades delegadas. Si fracasan los que están en autoridad en la iglesia, ¿cómo se puede mantener la obediencia? A menos que se resuelva este asunto de la autoridad, la iglesia seguirá en un estado caótico.

El que está en autoridad no se apodera de la autoridad; sirve a Dios, está dispuesto a pagar el precio y no busca el contentamiento propio. El estar en autoridad requiere que nos remontemos a las alturas, para no tener miedo de la soledad y para santificarnos. Quiera Dios que seamos de los que ponen su todo en el altar para que así se restaure la autoridad de Dios. Esta es la manera en que el Señor obra en su iglesia.

CAPÍTULO *20*

Las condiciones para ser autoridades delegadas

Las casadas estén sujetas a sus propios maridos, como al Señor... Maridos, amad a vuestras mujeres, así como Cristo amó a la iglesia, y se entregó a sí mismo por ella... Así también los maridos deben amar a sus mujeres como a sus mismos cuerpos. El que ama a su mujer, a sí mismo se ama... Por lo demás, cada uno de vosotros ame también a su mujer como a sí mismo; y la mujer respete a su marido (Efesios 5:22, 25, 28, 33).

Hijos, obedeced en el Señor a vuestros padres, porque esto es justo... Y vosotros, padres, no provoquéis a ira a vuestros hijos, sino criadlos en disciplina y amonestación del Señor... Y vosotros, amos, haced con ellos lo mismo, dejando las amenazas, sabiendo que el Señor de ellos y vuestro está en los cielos, y que para él no hay acepción de personas (Efesios 6:1, 4, 9).

Dios está en la reunión de los dioses; en medio de los dioses juzga. ¿Hasta cuándo juzgaréis injustamente, y aceptaréis las personas de los impíos? (Salmo 82:1-2).

El que fuere irreprensible, marido de una sola mujer, y tenga hijos creyentes que no estén acusados de disolución ni de rebeldía. Porque es necesario que el obispo sea irreprensible, como administrador de Dios; no soberbio, no iracundo, no dado al vino, no pendenciero, no codicioso de ganancias deshonestas, sino hospedador, amante de lo bueno, sobrio, justo, santo, dueño de sí mismo (Tito 1:6-8).

Que gobierne bien su casa, que tenga a sus hijos en sujeción con toda honestidad pues el que no sabe gobernar su propia casa, ¿cómo cuidará de la iglesia de Dios?); no un neófito, no sea que envaneciéndose caiga en la condenación del diablo (la. a Timoteo 3:4-6).

Esto habla, y exhorta y reprende con toda autoridad. Nadie te menosprecie (Tito 2:15).

Ninguno tenga en poco tu juventud, sino sé ejemplo de los creyentes en palabra, conducta, amor, espíritu, fe y pureza (la. a Timoteo 4:12).

Pues para esto fuisteis llamados; porque también Cristo padeció por nosotros, dejándonos ejemplo, para que sigáis sus pisadas (1 Pedro 2:21)

Las autoridades que Dios ha establecido en la familia son los padres con relación a sus hijos, el marido con relación a su esposa, y los amos con relación a sus siervos. En el mundo, las autoridades son los reyes con relación a sus súbditos, y los gobernadores con relación a sus subordinados. En la iglesia, son los ancianos con relación al pueblo de Dios y los obreros con relación a su obra. Todas estas diversas autoridades tienen sus respectivas condiciones.

1. **Los maridos**. La Biblia enseña que las casadas deben estar sujetas a sus maridos; pero los maridos deben ejercer la autoridad con una condición. Tres veces en Efesios 5 se les dice a los maridos que amen a sus mujeres como se aman a sí mismos. Indudablemente, hay autoridad en la familia; pero los que están en autoridad tienen que llenar el requisito

de Dios. El amor de Cristo por la iglesia da el ejemplo para el amor que el marido debe sentir por su esposa. Así como Cristo ama a la iglesia, así también el marido debe amar a su esposa. El amor del esposo debe ser igual que el amor de Cristo por su iglesia. Si el marido desea representar la autoridad de Dios, tiene que amar a su esposa.

2. **Los padres**. Es indudable que los hijos deben obedecer a sus padres; aun así, la autoridad de los padres tiene también su responsabilidad y condición. La Escritura dice: «Padres, no provoquéis a ira a vuestros hijos.» A pesar del hecho de que los padres tienen autoridad, necesitan aprender a dominarse delante de Dios. No deben tratar caprichosamente a sus hijos, creyendo que tienen el derecho absoluto de hacerlo porque los han engendrado y los crían. Aun cuando Dios nos creó, jamás nos ha tratado mal. No es justo hacer con los hijos lo que generalmente uno no se atrevería a hacer con los amigos, estudiantes, subordinados o parientes.

Es sumamente necesario que los padres se dominen a sí mismos, esto es, puedan dominarse por el Espíritu Santo. Hay un límite a lo que los padres pueden hacer con sus hijos. El objeto de toda la autoridad que los padres tienen sobre sus hijos es instruir, criar a sus hijos en disciplina y amonestación del Señor. No involucra esto ninguna idea de castigo o dominio absoluto; el propósito es la educación y amorosa protección de los hijos

3. **Los amos**. Los siervos deben ser obedientes a sus amos; pero para ser amo se requiere también una condición. Los amos no deben amenazar ni provocar a sus siervos Dios no permitirá que sus autoridades delegadas actúen inmoderadamente; ellas deben tener el temor de Dios dentro de sí. Necesitan saber que el que es Señor de ellos y de sus siervos está en los cielos y que con él no hay

parcialidad (Efesios 6.9). Debemos recordar que los amos también están bajo autoridad. Aunque la gente está bajo su autoridad, ellos mismos están bajo autoridad: la autoridad de Dios. Por esta razón no pueden ser desenfrenados en el ejercicio de la autoridad. Cuanto más sabe una persona de la autoridad, tanto menos arrogante y amenazadora es. Las actitudes indispensables de los que están en autoridad son la gentileza y el amor. Si uno amenaza y juzga a otros, pronto él mismo será juzgado por Dios. Por lo tanto los amos deben temblar delante de Dios.

4. **Los gobernadores**. Debemos someternos a las autoridades gobernantes En ninguna parte del Nuevo Testamento hay alguna instrucción sobre cómo ser gobernante. ¿Puede ser esto un indicio de que Dios ha entregado el gobierno del mundo a los incrédulos mas bien que a los creyentes? Según el Nuevo Testamento, parece que Dios no tiene la intención de que los creyentes de esta era gobiernen sobre la tierra. No obstante, el Antiguo Testamento sí nos describe las condiciones de los gobernadores. Los requisitos básicos de las autoridades gobernantes son la rectitud, la imparcialidad, la justicia y el cuidado de los pobres. Estos son los principios que deben respetar los gobernantes. No son para apoyarse a sí mismos sino para mantener la justicia absoluta.

5. **Los ancianos**. Los ancianos son las autoridades de la asamblea local. Los hermanos deben aprender a someterse a los ancianos. Una cualidad esencial de los ancianos, según se la enumera en Tito 1, es el dominio de sí mismo. Los incontrolados jamás podrán hacer cumplir la ley; ni podrán los rebeldes traer la sumisión. Los ancianos deben tener un estricto dominio de sí mismos. ¡Cuán prevalente entre los hombres es el fenómeno de la falta de moderación! En consecuencia, al nombrar ancianos hay que elegir a los que sean especialmente disciplinados. Puesto que los ancianos

son establecidos para cuidar de la iglesia, ellos mismos deben ser los primeros en saber obedecer y estar bajo control para poder ser ejemplos a todos los demás. Dios nunca constituye anciano a nadie que gusta de ponerse en el primer lugar (tal como Diótrefes, 3 de Juan 9). Siendo la máxima autoridad de la asamblea local, los ancianos deben ser personas que tienen dominio de sí mismas.

En la. a Timoteo 3 y 4 se menciona otra cualidad esencial de un anciano: debe gobernar bien su propia casa. Esto no se refiere primordialmente a los padres o a las esposas, sino especialmente a los hijos. Estos deben mantenerse en sujeción y respeto en todo sentido. El que sabe ser buen padre puede ser elegido anciano. Al ejercer correctamente la autoridad en el hogar, está calificado para ser anciano de la iglesia.

El anciano no debe ser una persona presumida. El que se enorgullece cuando se le da autoridad es incompetente para el puesto de anciano. Los ancianos de una asamblea local no deben ser susceptibles a la conciencia del poder. Ninguno que tiene conciencia de la autoridad es apto para ser anciano ni puede administrar los asuntos de la iglesia. Sólo la gente insignificante es orgullosa; no puede soportar la gloria de Dios ni que él confíe en ellos y los use. Por lo tanto, no se debe elegir como anciano a una persona recién convertida, no sea que se envanezca y caiga en la condenación del diablo. (El significado griego de un neófito se ilustra por un aprendiz de carpintero que maneja el hacha por primera vez.)

6. **Los obreros**. En Tito 2:15 se especifica la condición de los obreros como autoridades delegadas en la obra. Tito no era un anciano de la iglesia, sino servía al Señor como apóstol. Pablo lo exhortó, escribiéndole: «Esto habla, y exhorta y reprende con toda autoridad. Nadie te menosprecie.» Para no ser menospreciados, tenemos que santificarnos a

nosotros mismos. Si no se es diferente de otros en vida y conducta, si se vive una vida fácil y sin disciplina, no hay forma de escapar del menosprecio. Requiere autodisciplina el conseguir el respeto de los demás y calificarse como representante de Dios. Pablo le escribe a Timoteo en el mismo sentido. Aunque es cierto que un obrero no busca la gloria y honor de los hombres, no puede, sin embargo, permitir que lo menosprecien por su falta de santificación.

Solamente dos libros en todo el Nuevo Testamento fueron escritos para obreros jóvenes. En ambos, Pablo exhorta que no permitan que los menosprecien a causa de su juventud; al contrario, deben ser ejemplo para los otros creyentes. Deben desechar todo lo que pueda hacer que los menosprecien. Estar en autoridad es costoso; los tales necesitan santificarse, esto es, separarse de los demás y estar dispuestos a llevar una vida solitaria. Los que son ejemplos difieren de los demás en haberse santificado a sí mismos. Ahora bien, nadie debe exaltarse a sí mismo; pero tampoco debe permitir que lo menosprecien. Nunca seamos presumidos; pero tampoco jamás permitamos que nos pasen por alto. En cuanto nos volvemos demasiado comunes somos excluidos de la obra. Se termina nuestra utilidad y se pierde nuestra autoridad.

Es sumamente importante que se mantenga la autoridad de Dios. La autoridad se manifiesta en la santificación o separación, no en lo coman. Representar la autoridad es representar a Dios; estar en autoridad es ser ejemplo de todos.

DISFRUTE DE OTRAS PUBLICACIONES DE EDITORIAL VIDA

Desde 1946, Editorial Vida es fiel amiga del pueblo hispano a través de la mejor literatura evangélica. Editorial Vida publica libros prácticos y de sólidas doctrinas que enriquecen el caudal de conocimiento de sus lectores.

Nuestras Biblias de Estudio poseen características que ayudan al lector a crecer en el conocimiento de las Sagradas Escrituras y a comprenderlas mejor. Vida Nueva es el más completo y actualizado plan de estudio de Escuela Dominical y el mejor recurso educativo en español. Además, nuestra serie de grabaciones de alabanzas y adoración, Vida Music renueva su espíritu y llena su alma de gratitud a Dios.

En las siguientes páginas se describen otras excelentes publicaciones producidas especialmente para usted. Adquiera productos de Editorial Vida en su librería cristiana más cercana.

Vida

DEDICADOS A LA EXCELENCIA

Una vida
con propósito

Rick Warren, reconocido autor de *Una Iglesia con Propósito*, plantea ahora un nuevo reto al creyente que quiere alcanzar una vida victoriosa. La obra enfoca la edificación del individuo como parte integral del proceso formador del cuerpo de Cristo. Cada ser humano tiene algo que le inspira, motiva o impulsa a actuar a través de su existencia. Y eso es lo que usted podrá descubrir cuando lea las páginas de *Una vida con propósito*.

0-8297-3786-3

Nos agradaría recibir noticias suyas.
Por favor, envíe sus comentarios sobre este libro
a la dirección que aparece a continuación.
Muchas gracias.

Vida@zondervan.com
www.editorialvida.com